Jutta Schütz

Ich spüre immer noch die Angst in mir

Jutta Schütz

Ich spüre immer noch die Angst in mir

Krebs und Psyche
Ein Wegweiser für Betroffene
und Angehörige

Ullstein

Die Deutsche Bibliothek – CIP-Einheitsaufnahme

Schütz, Jutta:
Ich spüre immer noch die Angst in mir : Krebs und Psyche ;
ein Wegweiser für Betroffene und Angehörige / Jutta Schütz. -
Frankfurt/M ; Berlin : Ullstein, 1996
ISBN 3-550-06931-6

ISBN 3-550-06931-6

© für den Abdruck von Diana Beate Hellmann *Zwei Frauen* 1988
Literatur-Agentur Axel Poldner, Rauheckstraße 11, 80686 München
Lizenzausgabe: 1989 Gustav Lübbe Verlag GmbH, Bergisch Gladbach

© 1996 by Verlag Ullstein GmbH, Frankfurt/M., Berlin
Alle Rechte vorbehalten

Satz: Benens & Co., Berlin
Druck und Verarbeitung: Wiener Verlag, Himberg bei Wien
Printed in Austria 1996

Gedruckt auf alterungsbeständigem Papier mit chlorfrei
gebleichtem Zellstoff

Dieses Buch habe ich der Station 5 der Paracelsus-Klinik in Langenhagen, den Schwestern, Pflegern, Ärzten und ganz besonders Frau Dr. Mechthild Bach gewidmet. Dr. Mechthild Bach ist für mich eine bewundernswerte Ärztin. Ihr Können, ihr Wissen, ihre Toleranz und ihre Großmut ist vorbildlich für meine eigene Arbeit mit Krebspatienten.

Sie ist eine Ärztin, die ihre Arbeit als einen Teil des eigenen Lebens ansieht und mit ihrer Bereitschaft zu helfen und Überzeugungskraft Erfolge erzielt, die ich auf dem Gebiet der Krebsforschung für fast unmöglich gehalten habe. Möge sie weiter die Kraft haben, so zu wirken, zum Segen aller ihr anvertrauten Patienten. Den Schwestern und Pflegern wünsche ich, daß sie noch genug Hände haben, um alle Krebskranken und Sterbenden zu halten und auch loszulassen.

Inhalt

Einleitung 9

Teil 1: Meine Krebserkrankung 11

Teil 2: Krebs – was ist das überhaupt? . . 17
Wodurch kann Krebs entstehen? 19
Wie kann man sich vor Krebs schützen? . . . 21

Teil 3: Der Krebs und seine Begleiter . . . 25
Krebs und das Nicht-Begreifen-Können . . . 25
Krebs und Angst 28
Krebs und Resignation 38
Krebs und Hoffnungslosigkeit 40
Krebs und Schuld 42
Krebs und Streß 44
Krebs und Liebe 45
Krebs und Identität 49
Krebs und Zeit 53
Krebs und Glauben 59
Krebs und Wahrheit 60
Krebs und Ärzte 62
Krebs und Heldentum 68
Krebs und das Geschäft mit der Hoffnungslosigkeit 70
Krebs – auch als Chance 71

Teil 4: Psychotherapie und Krebs 75
Psyche und Krebs 75
Psychotherapie und Angst 84
Psychotherapie und das Verarbeiten der Krankheit 90
Die Gesprächsführung in der Psychotherapie . 100
Entspannungsübungen für Krebskranke . . . 109
Psychotherapie und Positives Denken 114
Psychotherapie und Ärzte 118
Psychotherapie bei Krebskranken – noch immer
ein Luxus? 124

**Teil 5: Was können Angehörige, Freunde und
Mitmenschen tun?** 127

Teil 6: Nachtrag 133
Frauen und Krebs 133
Selbsthilfegruppen und Krebs 139
Spontane Remissionen oder Selbstheilung . . 141
Rauchen – eine Hauptursache 143

Nachwort 147

Anhang 149

Einleitung

Ich kann endlich Krebs sagen. Krebs. Allein das Wort löst schon Angst aus. Angst vor quälenden Therapien, langem Krankenlager, Siechtum und Tod. Ich weiß, was Krebs bedeutet: Ich habe ihn selbst gehabt. Vor zehn Jahren diagnostizierte mein Arzt bei mir Blasenkrebs. Diesen schockierenden Moment kann ich auch heute noch in der Erinnerung genau spüren. Dies schien mein Todesurteil zu sein – so empfand ich es damals.

Doch ich hatte Glück. Der Tumor befand sich im Frühstadium. Ich wurde sofort operiert. Es folgten Jahre der Ungewißheit, des Zweifels, der in Schüben wiederkehrenden Todesangst. Heute bezeichnet man mich als geheilt. Denn in der Statistik gilt: Wer nach dem Befund fünf Jahre lang keinen Rückfall hat, ist gesund.

Dennoch: Diese Heilung ist lediglich physisch. Psychisch bin ich nicht wieder »normal«. Ich bin nicht wieder wie vor meiner Krankheit. Und ich werde es auch niemals wieder sein. Wer einmal Krebs gehabt hat, den verfolgt die Krankheit in seinem Denken und Fühlen bis an das Ende seiner Tage. Und eben weil das nur derjenige wirklich nachempfinden kann, der es selbst durchlebt hat, habe ich mir vorgenommen, anhand meiner Erfahrungen anderen Betroffenen zu helfen. Deshalb betreue ich in meiner Praxis für Psychotherapie sehr häufig Patienten, die den Krebs seelisch bewältigen wollen.

Dieses Fachgebiet der Psychoonkologie kommt in den Krankenhäusern viel zu kurz.

Doch die weitgehende Tabuisierung dieser Krankheit in unserer Gesellschaft machte mir bewußt, daß die Behandlung konkreter, einzelner Fälle nicht genügt. Daher erscheint es mir sinnvoll, einer breiteren Öffentlichkeit mehr Einblick in diese Krankheit zu bieten. Besonders deshalb, weil die Medien heutzutage meist nur selektiv und unter Umständen auch sehr unseriös über eine Krankheit berichten, deren durchschnittliche Heilungsquote bei immerhin 40 Prozent liegt. Bei kaum einer Krankheit gibt es so viel Fehlinformationen.

Dieses Buch soll ein Beitrag dazu sein, um den Menschen, die an Krebs erkrankt sind, Mut zu machen. Es soll aber auch den Angehörigen und Freunden dieser Menschen, die die Erkrankung eines Nahestehenden oft traumatisch miterleben, ein bescheidener Wegweiser sein. Ich habe versucht, die psychische Seite des Krebses zu beleuchten und Wege zu finden, um aus der Sackgasse von Verzweiflung und Hoffnungslosigkeit herauszukommen. Viele meiner Patienten haben es geschafft. Sie haben das wiedergefunden, was mancher Gesunde verloren hat — das Glück, das Leben als ein Geschenk anzusehen.

Teil 1: Meine Krebserkrankung

Heute war wieder so ein Tag. Ich war vollkommen hilflos. Eine Patientin saß vor mir, 48 Jahre alt, nach außen hin vollkommen gesund. Doch wir beide wußten, daß es anders war. Sie hatte Krebs – Brustkrebs. In ihrem Kopf, das fühlte ich sofort, kreisten immer wieder dieselben Gedanken. Warum gerade ich? Wie lange wird es noch dauern? Was ist danach? Doch aussprechen konnte sie diese Gedanken nicht. Das Wort Krebs kam nicht über ihre Lippen.

Sie erlebte die Krankheit als etwas Böses, dem sie völlig ausgeliefert war. Sie hatte Angst, von ihr »aufgefressen« zu werden. Den Knoten in ihrer Brust hatte sie solange verleugnet, wie es ging. Als sie dann doch zum Frauenarzt ging, riet der ihr zur schnellen Operation. Die lag jetzt gerade hinter ihr. Nun saß sie bei mir in der Praxis und war total verzweifelt. Sie war doch immer gesund gewesen – jetzt sollte sie auf einmal todkrank sein? Ihr inneres Gleichgewicht war völlig durcheinandergeraten. Selbstverständlich versorgte sie weiterhin ihren Haushalt – und bewältigte die alltägliche Routine. Doch mit ihren Gedanken war sie woanders.

Diese Operation war ein tiefer Einschnitt gewesen, den sie noch nicht verarbeitet hatte. Weil sie das ahnte, war sie zu mir in die Behandlung gekommen. Jetzt saßen wir hier. Plötzlich, nach mehr als einer Stunde

Gespräch, brach es aus ihr heraus – sie weinte hemmungslos. Und mit den Tränen konnte sie auch endlich das schreckliche Wort aussprechen – Krebs. Das war das erste Mal seit der Operation, und ihre Erleichterung war enorm. Ihre innere Spannung war auf einmal aufgehoben, und sie wurde ruhig. Zum Abschied gab sie mir die Hand und sagte, sie könne sicherlich diese Nacht zum ersten Mal seit der Operation ohne Schlaftabletten schlafen.

Wie heißt doch der Psalm? »Wenn ich betrübt bin, so denk ich an Gott.« Als sie gegangen war, sagte ich mir, daß der Psalm eigentlich anders heißen müsse: »Ich denke an Gott und bin betrübt.«

Wie war es damals bei mir, als ich die Diagnose erfuhr? Der Arzt, der sie mir mitteilte, setzte sich auf mein Bett, und seine Stimme wurde leiser. Er nahm eine gebeugte, ja leicht demütige Körperhaltung an. Er hatte den Tonfall, den ein Mensch benutzt, der jemanden sein Beileid über das Sterben eines Nahestehenden ausdrückt. Krebs bedeutet Tod: Das war mein erster Gedanke. Und dasselbe, das war für mich glasklar, dachte auch er in diesem Moment. Dieser knappe, unausgesprochene Satz, der ein Vorurteil ist, bestimmt das Verhalten der meisten jener Menschen, die täglich mit Krebs umgehen. Mein Arzt war da keine Ausnahme.

In den ersten Jahren meiner Erkrankung gab es kaum einen Tag, an dem ich nicht an diese Gleichsetzung dachte: Krebs ist gleich Tod. Das Gespenst Krebs schnürte mir die Luft ab und raubte mir jegliche Lebensfreude. Es war ständig da. Die ganze Zeit lebte ich in der Angst, jedes kleine Unwohlsein könnte das Symptom einer Metastase sein. Selbst heute, mehr als zehn Jahre nach meiner Operation, bekomme ich noch immer

Angstschweiß, wenn ich irgendwelche Schmerzen spüre. Habe ich eine Bronchitis, dann wähne ich bereits Lungenmetastasen in meinem Körper. Ist ein Schuh zu eng, dann fürchte ich, daß aus dem Hühnerauge ein Karzinom wird. Und bei Magenschmerzen phantasiere ich sofort einen Magentumor.

Meinen Körper erlebte ich während der Krankheit als eine Art Mysterium, als ein Rätsel, und das ist auch heute noch so. Es gibt Prozesse in ihm, von denen ich nichts weiß und die ich nicht beeinflussen kann. Viele laufen gegen meinen Willen ab. Das empfinde ich als eine Bedrohung, die ich nicht verdrängen kann. Ich versuche, nicht daran zu denken. Doch das gelingt mir selten. Die Angst kehrt immer wieder. Wenn sie zu stark wird, gehe ich zum Arzt und lasse ein Blutbild machen. Das gibt mir wenigstens eine scheinbare Sicherheit.

Als ich aus dem Krankenhaus kam, war alles nur merkwürdig still. Was immer ich auch tat — jeder um mich herum wollte, daß ich mich ausruhe. Dabei wollte ich mich gar nicht ausruhen. Ich wollte behandelt werden wie jeder normale Mensch. Ich wollte über die Krankheit reden. Über meine Schmerzen, meine Ängste. Nur dieses wollte keiner hören. Zu Kaffeekränzchen wurde ich nicht mehr eingeladen, und meine Tennispartner meldeten sich auch nicht mehr. Ich bildete mir ein, daß sie nicht mehr auf mich zählten, da ich ja voraussichtlich nicht mehr lange leben würde.

Selbst wenn mich heute, wo ich als geheilt gelte, jemand fragt, wie es mir geht, meine ich am Tonfall ganz genau zu spüren, daß auf die Krebskrankheit angespielt wird. Dieser wehleidige Ton und der tränenumschleierte Blick sprechen Bände. Mich macht es vor allem wütend.

Ich nehme mir in solchen Momenten nur eines fest vor: noch lange, sehr lange zu leben.

Auch mich befällt, wie alle »geheilten« Krebspatienten (das sind die, deren Krebssymptome mindestens fünf Jahre zurückliegen), vor jeder Kontrolluntersuchung ein neuer Angstschub. Erst in den letzten Jahren hat diese Angst etwas abgenommen. Sonst war ich tagelang vor der Untersuchung aggressiv, gereizt und konnte mich nicht konzentrieren. Wenn dann der Tag kam, gab es für mich kaum Zweifel, daß etwas nicht in Ordnung war. Die Erleichterung hinterher war dann um so größer. Ich bin den Krankenhausgang entlanggehüpft wie ein Kind. Ich hätte jeden umarmen und küssen können. Nie habe ich wieder ein derartiges Glücksgefühl empfunden wie nach den Untersuchungen, als der Arzt mir sagte, daß alles in Ordnung ist. In diesem Moment hätte ich mich selbst mit meinem größten Todfeind versöhnt. Dieses Gefühl von Dankbarkeit war überwältigend. Einfach sagen zu können: Ich bin gesund. Ich habe Krebs gehabt. Ich habe ihn besiegt.

Nach meiner Krebsoperation wurde mir völlig klar, daß ich allein etwas tun mußte. Ich habe damals Material zur Selbstheilung zusammengetragen und mich nach kompetenten Ärzten umgeschaut. Doch ich habe auch mein Verhalten geändert. Ich habe mich Konflikten gestellt, statt sie zu fliehen. Ich wurde weniger opferbereit. Ich habe das typisch weibliche Rollenverhalten aufgegeben. Kurz − ich habe das getan, was mir wirklich guttat.

Die Ärzte hatten mir geraten, mein Leben nicht zu verändern und weiterzuleben wie zuvor. Doch das konnte ich nicht. Ich habe viele Dinge geändert. Das Leben ist mir unendlich kostbar geworden. Jeder Grashalm, jede

14

Blume scheint etwas Besonderes zu sein. Ich sehe alles mit anderen Augen und bin traurig um jeden Tag, jede Woche, jeden Monat und jedes Jahr, die vergangen sind. Und trotzdem ist eines geblieben: Die Angst, daß der Krebs wiederkommt.

Selbst wenn die Ärzte in meinem Fall sagen, daß die Wahrscheinlichkeit gering ist, so ist diese Angst doch ständig in mir. Andere Sorgen und Befürchtungen verblassen dagegen. Verglichen mit dieser Krankheit ist der böseste Chef noch lieb, die ärgste Grippe noch harmlos und ein Bandscheibenvorfall keine Katastrophe. Der Krebs hat dafür gesorgt, daß ich mir weniger den Kopf darüber zerbreche, was die Leute von mir denken. Ich bin bedeutend gleichgültiger geworden gegenüber Dingen, die mich nicht wirklich interessieren. Ich denke einfach nicht mehr über sie nach.

Ich denke aber darüber nach, was ich tue und ob es mir Spaß macht. Das Ergebnis ist, daß ich heute vermutlich erfolgreicher bin als zu der Zeit, wo ich mich anstrengte, anderen zu gefallen. Auch gebe ich seit der Krebserkrankung mehr Geld aus als früher. Ich war immer sparsam, manche würden sagen geizig. Heute bin ich es nicht mehr. Denn insgeheim denke ich: Wenn ich nun wieder krank werden sollte, könnte ich überhaupt keinen Urlaub mehr buchen. Krebs tötet das schlechte Gewissen.

Teil 2:
Krebs – was ist das überhaupt?

»Alle Veränderungen im Organismus, in deren Verlauf ein unnormales, unkontrolliertes oder wucherndes Wachstum der Körperzellen einsetzt und gesundes Gewebe verdrängt oder zerstört wird«, bezeichnet man als Krebs. Jeder Körperteil, jedes Organ, jedes Gewebe besteht aus Zellen, die sich nach einem zweckvollen Bau- und Zeitplan vermehren bzw. erneuern. Beim Krebs wird dieser Plan aus noch unbekannten Ursachen nicht eingehalten. Eine Zelle oder auch ganze Zellengruppen beginnen wild und ungeordnet zu wachsen. Sie wuchern auf Kosten der normalen und nützlichen Zellen. Wenn sich genügend wilde Zellen gebildet haben, können sie manchmal als Geschwulst ertastet werden.

Wird ihr Wachstum nicht mit geeigneten Mitteln unter Kontrolle gehalten (u. a. durch einen operativen Eingriff von außen), verdrängen sie so viele normale Zellen, daß die Funktion des betroffenen Organs gestört ist. (Entstehen zum Beispiel Krebszellen im Magen, so treten sie an die Stelle der speziellen Magenzellen, die für die Verdauung der Nahrung notwendig sind. Das bedeutet für den Patienten verminderte Verdauung, also verminderte Nahrungsaufnahme.)

Bei fortschreitender abnormer Zellwucherung beginnt auch ein Zerfallsprozeß der Krebszellen, wobei für den Körper sehr schädliche Stoffe entstehen, sogenannte

17

Toxine, die eine zusätzliche schwere Störung des Gesamtbefindens verursachen. Krebszellen haben die Eigenschaft, sich einzeln oder in Verbänden von ihrem Entstehungsort zu lösen und mit dem Blut- oder Lymphstrom in andere Körperbereiche abzuwandern, z. B. von der Brust zur Achselhöhle.

Diese Ausstreuung der Krebszellen wird metasieren genannt, und die so entstehenden weiteren krebskranken Stellen heißen Tochtergeschwülste oder Metastasen. Krebszellen unterscheiden sich deutlich von normalen Zellen. Infolge dieser Unterschiedlichkeit können sie in winzigen Gewebsproben unter dem Mikroskop ermittelt werden. Die Identifizierung von Krebszellen ist eine der wichtigsten Aufgaben des Pathologen. Es gibt viele Fachausdrücke für krebsartige Gewebe. Sie enden meistens mit der Silbe »om«. So ist z. B. das Karzinom der Krebs, der aus Epithel entsteht, etwa der Haut, der Drüsen, der Membranen und Organoberflächen. Sarkom ist die Bezeichnung für eine Geschwulst, die vom Bindegewebe, z. B. von Knochen oder Muskeln, ausgeht.

Ein Melanom sind wuchernde Pigmentzellen der Haut. Alle Gewebe und Organe können krebsartig entarten und wuchern.

Die verschiedenen Krebsarten weichen in ihrer Häufigkeit aber erheblich voneinander ab. Sie zeigen deutlich Alters- und Geschlechtsunterschiede. Brustkrebs kommt z. B. bei Frauen 90mal häufiger vor als bei Männern. Beim Mann überwiegen die bösartigen Geschwülste der inneren Organe: Lunge, Magen, Darm, Leber, Niere und Blase. Bei der Frau dagegen weisen die Geschlechtsorgane eine erhöhte Krebsanfälligkeit auf. Es ist zu vermuten, daß diese Krebserkrankungen vorwiegend durch innere Faktoren ausgelöst werden. Das

18

hauptsächlich gefährdete Alter liegt zwischen dem 25. und dem 55. Lebensjahr.«
Aus: Lexikon der Gesundheit. Medizin von A–Z. Erschienen im Delphin Verlag GmbH, München und Zürich, 4. Aufl. 1981

Wodurch kann Krebs entstehen?

Das Wort Krebs leitet sich vom lateinischen Wort Cancer und vom griechischen Wort karkinos ab. Die beiden Begriffe wurden zur Beschreibung des Hautkrebses verwendet. Das langsame Eindringen eines Leberflecks in den Körper zeigt sehr anschaulich, wie sich diese Krankheit generell entwickelt. Dieses besondere Charakteristikum, sich schleichend gleichsam durch den Körper zu »fressen«, macht sie auch so unheimlich.

Krebs gehört zu jenen langwierigen Krankheiten, die durch eine Kette von Reizen in Gang gesetzt und schließlich ausgelöst werden, so daß die Krankheit zumeist erst nach langjährigem Verborgensein oder nach vielen Vorstadien in Erscheinung tritt. Die Faktoren sind vielfältig: Es gibt nicht »die« eine Ursache für Krebs. Oft entsteht die Krankheit durch chronische Reize, die in einem bestimmten, zunächst kleinen Bereich eine krebsartige Zellentartung und anschließend eine bösartige Zellwucherung bewirken. Der Beobachtung dieser Entstehungsprozesse gilt der größte Teil der Krebsforschung.

Strahlen und Temperatureinflüsse können bei in der Hitze arbeitenden Menschen, die nur unvollkommen geschützt sind, zu Krebs führen. Bei Seeleuten etwa, die ständig übermäßiger Sonnenbestrahlung ausgesetzt sind, ist der Hautkrebs häufig. Auch mechanische Reize können zu krebsartigen Entartungen führen. Zu nennen wären etwa ständiger Druck auf Haut oder Schleimhäute, dauerndes Reiben und Scheuern von Kleidungsstücken, oder auch schlecht sitzende Zahnprothesen. Chemische Reize gehören zu den gefährlichsten Krebsursachen, weil man sich ihnen im Beruf oder im Straßenverkehr häufig kaum entziehen kann. Dazu gehören: Teerdämpfe, Amelinmittel, aromatische Amine, Röntgenstrahlen und radioaktive Stoffe. Zu den bekanntesten Krebsverursachern zählen auch die im Zigarettenrauch enthaltenen Benzpyrene.

Um einem banalen Vorurteil entgegenzutreten: Krebs ist keine Infektionskrankheit. Durch Ansteckung kann man diese Krankheit nicht bekommen. Vererbung kann dagegen eine Rolle spielen. Das Risiko, an hormonell bedingtem Krebs wie z. B. Brustkrebs zu erkranken, ist höher, wenn diese Kankheit in der Familie häufig vorkommen oder vorgekommen sind.

Daß psychische Faktoren bei der Krebsentstehung eine – wenn auch nicht genau definierbare – Rolle spielen, wird mittlerweile von der Schulmedizin nicht mehr bestritten. Ständig anhaltende Depressionen oder Streß können das Immunsystem so schwächen, daß es nicht mehr fähig ist, Krebszellen ausreichend zu bekämpfen. Eine ähnliche Wirkung kann auch der Verlust eines Angehörigen haben, etwa der Tod eines Kindes oder des Ehegefährten. Oft liegt dieser Tod schon Jahre zurück, doch der Schock über den Verlust, der häufig auch mit Schuldgefühlen verbunden ist, ist nicht verarbeitet worden. Verlustängste existieren jedoch auch in weit weniger dramatischen Formen: der Verlust des Arbeitsplatzes

20

oder der heranwachsenden Kinder beispielsweise. Oft haben die Betroffenen eine Rolle verloren, die für sie wirklich bedeutsam war, und die Chance zu einer Neuorientierung des eigenen Lebens nicht ergriffen. Was bleibt, sind Gefühle starker Resignation und Einsamkeit, die die Abwehrkräfte schwächen können.

Wie kann man sich vor Krebs schützen?

Entscheidend sind die sogenannten vier »Früh's«: Die Frühverhütung, die Früherfassung, die Früherkennung und die Frühbehandlung. Die Heilungsaussichten sind bei vielen Krebsarten sehr gut, wenn sie frühzeitig erkannt und zügig behandelt werden.

Sieben Zeichen warnen vor Krebs

1. Jede nicht heilende Wunde, jedes nicht heilende Geschwür
2. Knoten oder Verdickungen in oder unter der Haut, besonders im Bereich der Brustdrüse, sowie ungewöhnliche auffällige Lymphknotenschwellungen im Hals-, Achsel- und Leistenbereich
3. Jede Veränderung an einer Warze oder an einem Muttermal
4. anhaltende Magen-, Darm- oder Schluckbeschwerden
5. Dauerhusten oder Dauerheiserkeit
6. ungewöhnliche Absonderungen aus einer der Körperöffnungen, Störung der Harnentleerung, Schmerzen beim Wasserlassen, blutiger Urin

7. Unregelmäßige Monatsblutungen oder Scheidenaus-
fluß mit Blutbeimischung sowie Blutungen und
blutige Absonderungen nach Aufhören der Monats-
blutung in den Wechseljahren.

Es gibt außerdem eine Reihe von krankhaften Er-
scheinungen insbesondere an Haut- oder Schleimhaut-
oberflächen, die im Laufe vieler Jahre zum Krebs führen
können (aber nicht müssen), wenn sie nicht rechtzeitig
erkannt und ärztlich behandelt werden. Man bezeichnet
sie als Vorstufe des Krebses oder als Vorkrebskrankheit.
Dazu zählen: chronische Entzündungen des Zahnflei-
sches, der Mundschleimhaut, der Zunge sowie der Man-
deln, chronische Bronchitis, hartnäckiger Husten oder
anhaltende Schluckbeschwerden, chronische Magen-
oder Darmschleimhautentzündung mit und ohne
Geschwürbildung, hartnäckige Stuhlverstopfung, chronische schrumpfende Leberverhärtung, chronische Entzündung der Gallengänge und Gallenblase, Gallen-
leiden, chronische Nierenentzündung mit und ohne
Nierensteinbildung, chronische Blasenschleimhautent-
zündung, chronische Entzündung der weiblichen Geschlechtsorgane, chronische Veränderung an der Haut
wie Muttermale, Leberflecke und Warzen.

Es ist ein wichtiges Gebot der Krebsvorsorge, auf solche Erkrankungen zu achten, sie rechtzeitig und bis zur
vollen Ausheilung zu behandeln. Nur der Arzt kann
Krebs erkennen und heilen. Wer sich auf Wundermittel
verläßt, verschleppt die sachgemäße Behandlung und
begibt sich dadurch in unnötige Lebensgefahr. Immer
wieder höre ich in meiner Praxis die Frage: »Bin ich
krebskrank oder war ich krebskrank? Habe ich die
Krankheit noch, oder gehört die Krankheit Krebs der
Vergangenheit an?«

Wenn nach Operation, Bestrahlung und Chemotherapie sich das Krebsgeschwür zurückgebildet hat, bleibt für viele Patienten dieses psychische Problem, das auch als Damokles-Syndrom bezeichnet wird. Damit beschreibt man die Unsicherheit von Patienten und ihrer Familien, ob die Krankheit auch *wirklich und endgültig* überwunden ist, wenn die Ärzte freudig mitteilen, daß die Therapie erfolgreich beendet ist. Bei sehr vielen Betroffenen schwebt die Krankheit einem Damokles-Schwert gleich lebenslang über ihnen.

Teil 3:
Der Krebs und seine Begleiter

Ein Asket saß meditierend in einer Höhle. Da huschte eine Maus herein und knabberte an seiner Sandale. Der Asket öffnete verärgert die Augen:»Warum störst du mich in meiner Andacht?«»Ich habe Hunger«, piepste die Maus.»Geh weg, du törichte Maus«, predigte der Asket.»Ich suche die Einheit mit Gott. Wie kannst du mich dabei stören?«»Wie willst du dich mit Gott vereinigen«, fragte da die Maus,»wenn du nicht einmal mit mir einig wirst?«

Krebs und das Nicht-Begreifen-Können

Vielen Krebskranken ergeht es leider nicht wie jenem Indianer, der sich zum ersten Mal in seinem Leben von einem Auto mitnehmen ließ. Da saß er nun auf dem Beifahrersitz und sah die Landschaft an sich vorbeifliegen. Ein rauschendes Glücksgefühl überkam ihn. Doch plötzlich, nach etwa 100 Kilometern, wollte er aussteigen.»Die Seele muß nachkommen«, sagte er dem verdutzten Autofahrer, der ihn am Straßenrand zurückließ. Der Indianer brauchte wieder festen Boden unter den Füßen, um die Ortsveränderung verarbeiten zu können.
    Ich habe es bei mir selbst und bei vielen Patienten

erlebt, daß wir die Wahrheit Krebs nicht ertragen können. Wir reden uns ein, daß alles nur ein böser Traum sei, aus dem wir bald erwachen werden. Nach der Operation wird dem Krebskranken oft gesagt, er solle weiterleben wie bisher. Genau dies geht aber nicht. Die Seele muß langsam nachkommen. Wir müssen begreifen, daß das Leben nicht mehr in den vertrauten Bahnen weiterverläuft, daß die Krankheit einen radikalen Einschnitt für unser Leben bedeutet. Erst dann eröffnet sich für uns die Möglichkeit, sie anzunehmen, sie als einen Bestandteil unseres Lebens zuzulassen. Die Krankheit hat uns überfallen wie ein Gespenst, und jetzt müssen wir dieses Gespenst wahrnehmen und als solches akzeptieren. Also die Seele nachkommen lassen.

Vor allen Dingen müssen wir lernen, drüber zu reden. Dies ist das Schwierigste bei einem Tabuthema wie Krebs. Wer möchte schon mit uns darüber sprechen? Ich denke an eine Patientin, die bis zu ihrem Tode praktisch keinen Ansprechpartner in ihrem privaten Umfeld hatte. Nicht, daß sie selber nicht darüber reden wollte. Aber ihr Mann wollte es nicht, und somit wurden auch alle Freunde und Bekannte geimpft, nicht mit ihr über die Erkrankung zu sprechen. Sie wurde ganz einfach verdrängt. Die Patientin war dagegen machtlos. Die ganze Familie schien zu glauben, daß die Krankheit von allein wieder verschwinden würde, wenn man die Frau schonte und den Krebs nicht zum Thema machte. Häufig wird das Leiden der Betroffenen dadurch nur verschlimmert. Viele von ihnen empfinden ihre Krankheit dann erst recht als Makel. »Ich gehe lieber alleine ins Krankenhaus, um meine Familie zu schonen«, heißt es dann. Oder:»Mein Mann tut sich so schwer damit«, oder: »Meine Kinder sollen es nicht merken«. Die Kranken

26

raffen ihre letzten Kräfte zusammen. Weinen nur, wenn sie alleine sind, und denken viel zu wenig an ihre eigene Hilfsbedürftigkeit. Die fatale Situation tritt ein, daß der Kranke die Familie seelisch stützt – und nicht umgekehrt, wie es eigentlich sein soll.

Nach der Diagnose fallen die meisten Patienten in einen Schockzustand. Sie sind erstarrt, und alles erscheint ihnen unwirklich. Die nächste Reaktion ist die Verleugnung. Für manche Kranken ist der Schock derart groß, daß sie leugnen, Krebs zu haben. Viele klammern sich dann an den Begriff Karzinom. Das Wort Krebs kommt lange nicht über ihre Lippen. Im Zuge dieser Verleugnung wird die Realität nur eingeschränkt wahrgenommen, um dem Phänomen Krebs nirgendwo zu begegnen. Auf den Zustand der Lähmung folgt die Wut. Wut geht einher mit dem Begreifen, konkret von der Krankheit betroffen zu sein. »Womit habe ich das verdient? Das ist nicht fair. Warum gerade ich? Warum jetzt? Keiner liebt mich, sonst würde ich diese Krankheit nicht bekommen.«

Gott wird angeklagt. Die Familie. Die Kinder. Der Arzt. Oft sind die Erkrankten wütend auf betroffene Körperteile. Sie fühlen sich vom Schicksal betrogen. Nach dieser Phase treten oftmals starke Schuldgefühle auf, die sich auf das eigene Verhalten beziehen. »Wenn ich nur nicht das gesagt hätte. Hätte ich nur nicht soviel geraucht. Hätte ich dieses nicht getan, hätte ich das nicht getan.« Auch das ist normal. Da eine klare und eindeutige Ursache für das Entstehen speziell der Krebserkrankung häufig nicht auszumachen ist, sucht der Betroffene die Schuld bei sich selbst. Um an dieser Stelle noch einmal klar zu betonen: Krebs entsteht durch das Zusammentreffen vieler Faktoren zum selben Zeitpunkt.

Viele Erkrankte ziehen sich für einige Zeit in sich selbst zurück. Sie grübeln, ohne zu einem Ergebnis zu kommen. Wichtig ist in dieser Phase, sich über die eigenen Gefühle Klarheit zu verschaffen. Häufig kommt es in dieser Situation zu Neid: Andere Menschen werden um ihren guten Gesundheitszustand beneidet. Gesunde werden als arrogant bezeichnet, und andere Krankheiten werden verharmlost. Danach taucht die Angst auf. Sie zu durchschreiten ist ein harter Prozeß. Am schlimmsten ist es in den Nächten. Die Kranken haben Panik vor Dunkelheit und glauben sich schon im Grab. »Krebs ist gleich Tod, Tod ist gleich Krebs«, hämmert es immer wieder im Kopf. Sie können an nichts anderes denken. Oft wollen sie nachts nicht aufstehen. Sie glauben, den Tod immer und immer wieder vorwegzuerleben. Sie sterben und leben, sterben und leben, immer wieder.

Frauen, die sich einer Operation unterzogen haben, haben ein tiefes Verlustempfinden für den Körperteil, den sie verloren haben. Sie trauern um ihren Körper. Er wird nie wieder so sein wie vorher. Sie fühlen sich in ihrer weiblichen Identität verstümmelt, unansehnlich, unattraktiv. Jede betroffene Frau braucht eine Trauerperiode, je nach ihrer Persönlichkeit, die verschieden lange dauert. Platitüden wie »Reiß dich doch zusammen« oder »Kopf hoch« machen da nur aggressiv.

Krebs und Angst

»Die Weißen«, sagte der Indianer, »wollen immer etwas, sie sind immer unruhig und ratlos. Wir wissen nicht, was sie wollen. Wir verstehen sie nicht. Wir glauben, daß sie

*verrückt sind.« Ich fragte ihn, warum er denn meine, die
Weißen seien alle verrückt. Er entgegnete: »Sie sagen,
daß sie mit dem Kopf denken.«
»Aber natürlich. Wo denkst du denn?«, fragte ich
erstaunt.
»Wir denken hier«, sagte er und deutete auf sein Herz.*
Carl-Gustav Jung

Angst gehört zum Alltag. Denken wir nur an die Sprich-
wörter: »Er macht sich vor Angst in die Hose«, »Er ist
blaß vor Angst« oder »Vor Angst bleibt ihm das Herz stehen«. Vor Angst bekommen wir weiche Knie, Schwindel
und Schwäche. Uns wird schlecht vor Angst. Die Angst
raubt uns den Schlaf. Angstschweiß bricht aus. Die Luft
bleibt uns weg. Und wir zittern vor Angst. Fühlen uns
gelähmt und glauben, vor Angst umzukommen.

Kein Zweifel: Ängste sind regelmäßige Begleiter unseres gesamten Lebens. Das ist so banal wie wahr: Die
Zukunft ist offen, und das bringt automatisch Unsicherheit mit sich. Bei einer Krebserkrankung treten besonders starke Ängste auf, weil das Weiterleben bedroht ist
und die eigene Zukunft vollkommen unsicher geworden
ist. Besonders im ersten Moment, nachdem die Diagnose
mitgeteilt wurde, sind die Ängste sehr stark. Der Patient
kann mit seiner Krankheit noch nicht umgehen, er will
sie noch nicht wahrhaben und kann sie nicht akzeptieren. Wenn der Patient besser Bescheid weiß, nehmen
diese Ängste ab. Doch verschwinden tun sie nie. Und
immer wieder brechen sie stark hervor, wenn im Krank-
heitsverlauf oder nach einer erfolgreichen Heilung neue
Bedrohungen auftreten. Selbst routinemäßige Kontrolluntersuchungen sind häufig mit großer Angst verbunden.
Viele Patienten werden schon lange vor der Kontrolle

29

unruhig und können nicht schlafen. Ist die Kontrolluntersuchung negativ ausgefallen, besteht also kein neuerlicher Krebsverdacht, ist die Angst augenblicklich verschwunden. Diese Beruhigung hält aber nur bis zur nächsten Kontrolluntersuchung an.

Jede Krebserkrankung ist durch ein unterschiedliches Angsterlebnis geprägt. Denn jeder Patient nimmt Angst unterschiedlich wahr und geht damit verschieden um. Die Ängste des Krebskranken sind vielfältig: Angst vor dem Tod, Angst vor Verstümmelung, Angst vor Schmerzen, Angst vor bestimmten Medikamenten. Angst vor dem Verlust der Berufstätigkeit, Angst, nur als Krebskranker und nicht mehr als Mensch gesehen zu werden. Diese letztgenannte Form der Angst ist sicherlich keine Einbildung, auch wenn Außenstehende sie oft nicht nachvollziehen können. Bei manchen dieser Patienten allerdings fehlen diese körperlichen Angstreaktionen. Sie bleiben unter dem Angstdruck relativ ruhig und lassen sich nichts anmerken. Andere wiederum zeigen nur vegetative Beschwerden, ohne die Angst wahrzunehmen.

In jedem Fall gilt jedoch: Die Angst in all ihren Erscheinungsformen muß sehr ernst genommen werden, denn sie reicht sogar bis ins soziale Umfeld hinein. Liebgewonnene, soziale Kontakte zu Nachbarn oder zu Freunden werden abgebrochen, da sich die Krebskranken stigmatisiert fühlen und glauben, daß blasse Hautfarbe oder eine Brustprothese beispielsweise auffallen und schockieren könnten. Es tritt die Furcht auf, daß die Erkrankung ohne Rücksicht auf den Willen des Betroffenen zum Gesprächsthema wird oder ganz und gar von einem peinlichen Schweigen verdrängt wird.

Bei Ehepaaren oder in Partnerschaften werden oft Nähe und Sexualität vermieden, da der eigene Körper

30

nicht mehr als begehrenswert erlebt wird. Diese anhaltenden Ängste führen oft zu depressiven Stimmungen, die die Gegenwart grau und die Zukunft schwarz erscheinen lassen. Sicherlich gehört die Angst zu unserem Leben und hat durchaus ihre positiven Seiten. Sie schützt uns, weil sie eine natürliche Reaktion auf Gefahren ist. Ein Bergsteiger, der Angst hat, wird sich viel mehr konzentrieren. Aber Angst wird zum Leiden, wenn wir von ihr gelähmt werden. Dann ist sie keine blinkende Warnleuchte, die auf Gefahren auf dem weiteren Weg hinweist, sondern sie macht uns das Weiterkommen unmöglich.

Doch es ist nicht nur die Angst, die sich auf die Physis richtet, Krebs macht uns auch psychisch krank. Es sind die negativen Vorstellungen, die von dieser Krankheit hervorgerufen werden. Ich kam mir oft vor, als würde ich zappeln und kämpfen, aber nirgendwo sah ich ein Ufer. Dazu kam die Hoffnungslosigkeit, das Gefühl, in ein tiefes Loch zu stürzen. Jeden Morgen erlebte ich das Erwachen mit dem Gedanken: »Ich habe Krebs.« Dieses Gefühl ist dem Erkrankten eigentlich immer gegenwärtig, der Krankheit niemals entrinnen zu können.

Auch bei meinen Patienten spüre ich immer wieder diesen Kampf an zwei Fronten. Auf der einen Seite steht die Krankheit Krebs mit Operation, Bestrahlung und Chemotherapie. Auf der anderen Seite steht diese Angst, die sie nicht wieder losläßt. Oft sind die seelischen Belastungen viel schlimmer als die Chemotherapie oder die Bestrahlung. Denn jene sind es, die den Menschen zerstören. Mit den Schmerzen können viele leben, nicht jedoch mit dem Gefühl, sich wie tot zu fühlen. Es ist die Hölle auf Erden. Oft resignieren diese Kranken und können nicht einmal um Hilfe bitten. Sie empfinden folgende Schizophrenie: Man lebt in der Gegenwart und arbeitet für die Zukunft. Aber welche Zukunft hat der Betroffene zu erwarten? Diese zermürbende Ungewißheit ist eine schwere Belastung für die Seele.

So banal es klingt: Das Wichtigste ist, daß wir lernen, weiter zu leben. Selbstverständlich läuft jeder Krebskranke Gefahr, sich mit Beruhigungstabletten oder Alkohol zu betäuben. Manchmal drängt sich auch der Gedanke an Selbstmord auf. Viele Krebspatienten leiden unter dem Gefühl der Zukunftslosigkeit. Der Gedanke, daß das Leben befristet ist, läßt sie nicht mehr los. Ein Jahr, zwei Jahre, nächsten Sommer, nächste Weihnachten, vielleicht noch das zweite oder dritte Jahr – mehr bleibt mit nicht, denken sie. Sie sind nicht mehr auf das Leben eingestellt, so wie es früher war. Wenn sie ein Kleid kaufen, kommt ihnen der Gedanke: »Wozu eigentlich, wozu brauche ich das noch?« Manchmal sogar der Gedanke: »Wem könnte ich es vererben? Paßt es meiner Tochter?« Viele Krebskranke räumen ihre Schränke auf, bringen ihre Papiere in Ordnung und setzen ihr Testament auf. Das habe auch ich getan. Es liegt jetzt sieben Jahre dort, und ich sehe es nicht mehr an. Und immer wieder, wenn ich mit meinen Kindern darüber reden will, hören sie mir zwar zu und sagen: »Lege es irgendwo hin.« Das beruhigt mich.

Da der Zeitfaktor eine wichtige Rolle spielt, muß bei jeder Krebskrankheit gezielt gehandelt werden. Und das macht alle oft kopflos. Wichtig ist es, daß wir den drohenden Abgrund vermeiden, der durch das angstvolle Ausweichen vor dieser Krankheit und vor der eigenen Vergänglichkeit entsteht. Geteiltes Leid bringt Menschen oft näher. Wohl jeder kennt die Kinderangst vor dunklen Räumen – sie weicht, sobald das Licht angeht.

Dieses Licht müssen wir Gesunde oder Geheilte den Kranken geben, die es gerade dann brauchen, wenn sie in dieser Hölle der Dunkelheit sitzen. Notwendig ist der Mut, sich Problemen zu stellen. Der Mut, den Schmerz der Seele zuzulassen. Lebenskraft steckt in uns allen. Es gilt, sie freizulegen. Ein Mann kann lernen zu weinen. Eine Mutter kann lernen, eigene Bedürfnisse zu entwikkeln, um sie erstmals überhaupt wahrzunehmen. Und wir können lernen, uns mit Behinderung auseinanderzusetzen, sie zu akzeptieren und anzunehmen. Ohne Selbstlosigkeit und ohne falsche Tapferkeit. Jeder Mensch, der sich in irgendeiner Form arrangiert, verliert an Kraft. Aber jeder Mensch, der Kraft abgibt, braucht auch eine Quelle, aus der er neue Energie schöpft.

Die Auseinandersetzung mit der Krankheit hat noch weitere positive Seiten. Ein Mensch, der einmal Krebs gehabt hat, ist so zwanghaft auf seine einstige Erkrankung ausgerichtet, daß er nie auf den Gedanken kommt, eine andere zu haben oder bekommen zu können. Und wenn es ihn doch trifft, eine kleine Grippe etwa, eine Magen- oder Halsentzündung, dann möchte er das am liebsten feiern. Er ist dankbar, denn er empfindet dies nur als eine kleine Störung. Eine Störung der Gesundheit ist eben keine Krankheit. Eine Grippe etwa ist eine Störung, denn sie heilt von alleine, auch ohne Medikamente. Eine Krankheit dagegen, und das ist der Unterschied, führt unbehandelt zum Tode. Krebs ist eine Krankheit. Doch selbst wenn die Behandlung – Operation, Bestrahlung, Chemotherapie – Wirkung zeigt, hat der Betroffene nie die hundertprozentige Sicherheit, die Krankheit besiegt zu haben.

Eine Patientin kam völlig aufgeregt zu mir und sagte, daß sie wieder Krebs habe. Sie war beim Arzt, der zwar nichts feststellen konnte, aber, da war sie sich sicher, bestimmt etwas übersehen habe. Während des Gesprächs stellte sich heraus, daß sie die letzte Überlebende war von sechs Leidensgenossinnen, die alle vor sechs Jahren operiert worden waren. Vor einer Woche wurde die fünfte von ihnen beerdigt. Nach unserem ausführlichen Gespräch fühlte sie sich sicher, daß sie im Augenblick gesund sei, und fuhr erlöst in den Urlaub. Es war nichts weiter geschehen, als daß ich sie verstanden hatte, indem ich mich in ihre Lage versetzte. Somit fiel die Angst von ihr ab. Der ständige Begleiter Angst macht die Nachsorge zu einem Horror für die Betroffenen.

Zu dem Phänomen Angst gehört auch (wie ich im Kapitel *Krebs und Nicht-Begreifen-Können* schon kurz angesprochen hatte), daß einige meiner Patienten nach der Operation und während der Chemotherapie abends nicht ins Bett gehen wollen. Sie sitzen aufrecht im Sessel und haben ganz einfach Angst, ins Bett zu gehen, weil sie glauben, sie würden nicht mehr aufwachen. Tagsüber schlafen viele von ihnen wunderbar. Abends schleicht sich jedoch wieder die Angst vor dem Tod ein, denn die meisten Menschen sterben nachts. Selbst gesunde Menschen haben manchmal Angst vorm Schlafengehen, wenn in der Familie jemand unerwartet an Krebs gestorben ist. Ich selbst habe es an mir nicht beobachtet. Ich habe mich in der Wärme und Geborgenheit des Bettes eher wohlgefühlt. Allerdings habe ich mich auch selbst mit dem Tod auseinandergesetzt und meinen möglichen Tod für mich auch angenommen.

Viele meiner Krebspatienten stehen vor dem folgenden Problem: Sie sehen nicht krank aus und werden deshalb von der Umwelt als gesund eingeschätzt. So schwanken sie häufig zwischen Hoffnung und Resigna-

34

tion, und das erschwert die Behandlung. Die Betroffenen haben immer das Gefühl, zwischen Krankheit und Gesundheit hin und her gerissen zu werden. Es gibt immer wieder Tage, an denen sie das Gefühl haben, ganz alt zu werden, Enkelkinder aufwachsen zu sehen und als Greisin oder Greis auf einer Bank zu sitzen. Diese Hoffnung wird immer wieder von panischen Gefühlen der Angst unterbrochen, demnächst zu sterben. Viele Erkrankte reagieren auf diesen Konflikt mit Selbstisolation. Doch eben dies kann für die Umwelt zu einer Zumutung werden. Eine Zumutung deshalb, weil sich der Kranke einkapselt, sich gleichsam lebendig begräbt, und die Umgebung, die teilhaben und helfen will, ausschließt.

Viele Patienten werden sogar menschenscheu. Sie fühlen sich aussätzig und nicht mehr wie ein vollwertiges Mitglied dieser Gesellschaft. Sie fühlen sich verletzt und sind für andere schwer zu erreichen. Wenn sie Besuch bekommen, denken sie gleich: Hoffentlich geht er wieder. Wenn jemand anruft und sie einlädt, dann ist da immer wieder die Ausrede, keine Zeit zu haben und sich später zu melden.

Auch die Familie wird häufig wie die Betroffenen selbst von der Krebsangst ergriffen. Die unfaßbare, unaussprechbare Angst, daß der Erkrankte in Kürze sterben wird, beherrscht das Denken und Verhalten vieler Angehöriger. Erst allmählich kommt der beruhigende Gedanke, daß der Erkrankte noch Zeit hat zum Leben. Die Angehörigen gehen dann unglücklicherweise wieder in ihr altes Verhaltensmuster über, und der Krebskranke bleibt oft mit seinen Ängsten allein. Auch haben viele Angehörige Scheu, sich mit den Bedürfnissen des Erkrankten auseinanderzusetzen. Für sie ist es viel einfacher, die Krankheit zu ignorieren oder zu verdrängen.

Es fehlt ihnen die Kraft, sich in die Welt der Kranken hineinzuversetzen, ihm das Gefühl zu geben, daß er nicht allein ist. Oft fühlen sie sich selbst hilflos und betroffen. Sie werden in eine Situation hineingedrängt, auf die sie nicht vorbereitet sind.

Um den Teufelskreis des Unverständnisses zu durchbrechen, ist es nicht allein notwendig, daß sich Angehörige in die Situation des Erkrankten hineinversetzen, auch der Betroffene muß zur Einfühlung in die seelische Situation seiner unmittelbaren Umgebung fähig sein. Vor der Erkrankung war er voller Tatendrang, voller Kraft, voller Mut, voller Lebenslust. Und nun bietet sich der Familie plötzlich das Bild eines hilfsbedürftigen, kraftlosen, verzweifelten Menschen. Es ist keine Fröhlichkeit mehr vorhanden, keine Lebensfreude. Die Krankheit Krebs überrumpelt Kranke und Angehörige gleichermaßen. Diese Überrumpelung lähmt uns. Sie treibt Mitmenschen in die Flucht. Anstatt bei dem Kranken zu bleiben, lassen wir ihn allein. Besonders Kinder wollen oft von zu Hause weg, weil sie die Traurigkeit nicht ertragen können. Aber auch Nachbarn und Freunde fühlen sich hilflos und wissen nicht, wie sie mit dem Krebskranken umgehen können. Blumen werden manchmal einfach nur abgegeben oder vor die Tür gestellt. So ist die Pflicht getan. Unsere Mitmenschen können mit der Krebskrankheit eben nicht offen umgehen – Krebs ist nicht gesellschaftsfähig. Über Herzinfarkt wird gesprochen. Aber bei Krebs fängt das große Schweigen an. Dieses hilflose, ungeschickte und zuweilen ablehnende Verhalten vieler unserer Mitmenschen führt bei Krebskranken zu starken Ängsten.

Wir alle haben nicht gelernt, mit Behinderten und Schwerkranken zu reden, ihnen zu helfen und dabei trotzdem natürlich und wir selbst zu bleiben. Unsere Unbeholfenheit angesichts des Leidens dieser Menschen verdeutlicht, daß wir unsere eigenen Ängste nicht verarbeiten können. Wir verdrängen sie. Eine Patientin von mir berichtete etwa, daß der Gastwirt eines Kurortes Krebspatienten nicht hineingelassen hat. Der Wirt hatte Angst, daß andere Gäste sonst sein Lokal verlassen würden.

Aber warum weichen wir Behinderung und Krankheit aus? Warum können wir sie in unserem Leben nicht akzeptieren? Liegt es vielleicht daran, daß wir in unserer Gesellschaft zu wenig Kontakt zu Kranken und Behinderten haben? Es fängt schon in der Schule an, wo Behinderte meist ihre eigenen Einrichtungen haben, also getrennt von den normalen Kindern sind. Durch die Isolation können die Kinder und Jugendlichen kaum lernen, mit Kranken und Behinderten auf natürliche Weise umzugehen oder zusammenzuleben. Viele von ihnen betrachten das Schicksal eines Krebskranken genauso, wie sie einen Krimi oder einen Verkehrsunfall im Fernsehen ansehen ...

Ob es nicht auch hilfreich wäre, wenn mehr behinderte Lehrer an unseren normalen Schulen unterrichteten? So könnte gegenseitige Rücksichtnahme und Verständnis entwickelt werden. Die Kluft zwischen Gesunden und Kranken würde verkleinert werden und vielleicht durch persönliche Erfahrungen und Erlebnisse völlig verschwinden. Der gesunde Schüler wird sich durch den täglichen Umgang mit Kranken seiner Gesundheit mehr bewußt. Er wird verantwortungsvoller mit seinem Körper umgehen und ihn nicht fahrlässig zerstören, etwa durch Rauchen, Alkohol oder Drogen. So könnte Gesundheitserziehung nicht zu einem abstrakten Lehrstoff werden, sondern an konkreten Erfahrungen reifen.

Krebs und Resignation

Zwei Lastkutscher kamen mit vollgepackten Karren einher. Die Wege waren verschlammt und beide Karren fuhren sich fest. Einer der beiden Kutscher war fromm. Er fiel dort im Schlamm auf die Knie und begann Gott darum zu bitten, er möge ihm helfen. Er betete und betete und betete ohne Unterlaß und betrachtete dabei den Himmel. Währenddessen fluchte der andere, arbeitete aber. Er suchte sich Zweige, Blätter und Erde zusammen. Er schlug auf den Esel ein, er schob am Karren, er schimpfte, was das Zeug hielt. Und da geschah das Wunder. Aus der Höhe stieg ein Engel nieder. Zur Überraschung der beiden Kutscher kommt er jedoch demjenigen zuhilfe, der geflucht hat. Der arme Mann wird ganz verwirrt und ruft aus: »Entschuldige, das muß ein Irrtum sein. Sicher gilt die Hilfe dem anderen.« Aber der Engel sagt: »Nein, Gott hilft dem, der arbeitet.«

Der Schiffbrüchige

Ein reicher Athener machte mit anderen eine Seefahrt. Als ein heftiger Sturm aufkam und das Schiff kenterte, suchten sich alle anderen durch Schwimmen zu retten. Der Athener aber, der bei jeder Gelegenheit die Athene anrief, gelobte ihr wunder was, wenn sie ihn rette. Da sagte einer von den Schiffbrüchigen, der in der Nähe schwamm: »Beten kannst du zu Athene, aber du mußt auch schwimmen!«

Wer ins Unglück gerät, muß erst selbst etwas für sich tun und dann den Gott zu Hilfe rufen.

Ich wurde zu einer Krebskranken ins Krankenhaus gerufen. Aus ihrem Gesicht sprach einzig Resignation.

Ihre ganze Haltung war depressiv, lustlos. Sie war nicht ansprechbar. Sie ließ eigentlich alles um sie herum mit sich geschehen. Dies war insofern erstaunlich, denn nach dem Krankheitsbild hatte sie eine sehr gute Chance. Nicht nur eine Überlebenschance, sondern auch eine hohe Wahrscheinlichkeit, wieder vollkommen gesund zu werden. Doch sie gab sich vollkommen schicksalsergeben. Gott hat mir diese Krankheit geschickt und wenn Gott es will, wird er sie auch wieder nehmen – das war ihre Haltung. Ich fragte sie, ob sie nicht gegen diese Krankheit ankämpfen wolle. Sie habe in ihrem Leben schon so viel gekämpft und wenn es Gottes Wille wäre, würde er den Krebs auch wieder wegnehmen, erwiderte sie mir.

Mir kam eine Geschichte in den Sinn, und die erzählte ich ihr. Eine Frau schrie in ihrer Not zu Gott und bat, daß er sie heilen möge: »Gott, hilf mir, hilf mir und mach mich wieder gesund.« Gott erhörte ihr Flehen. Die Frau war beruhigt, da Gott ihr nun helfen wollte und vertraute ganz auf ihn. Kurz darauf kam ein Onkologe und sagte, sie solle jetzt eine Chemotherapie machen. Aber sie lehnte ab mit der Begründung, daß Gott versprochen hatte, ihr zu helfen. Dann kam ein Ernährungswissenschaftler und sagte: »Sie müssen jetzt folgendes essen, dann werden sie auch wieder gesund.« Aber sie lehnte ab, weil sie glaubte, daß Hilfe von Gott kommen würde. Dann kam ein Psychologe, der mit ihr eine Therapie machen wollte. Auch hier ihre lapidare Antwort: »Gott hilft mir.«

Viele Ärzte und Krankenschwestern bemühten sich, alle bemühten sich um sie herum, aber sie nahm nichts an, sondern sagte immer wieder: »Ach was, Gott hilft mir.« Schließlich starb sie, und als sie im Himmel eintraf, warf sie Gott vor: »Ich verstehe das nicht, Gott, du hast gesagt, daß du mir helfen willst.« Und Gott antwortete: »Ich habe dir den Onkologen geschickt, ich habe dir den besten Arzt geschickt, ich habe dir den Psychologen geschickt, ich habe dir den Ernährungswissenschaftler geschickt, ich habe dir Schwestern und alles Notwendige geschickt. Und du hast immer nein gesagt. Ich habe dir geholfen, nur du hast es nicht gemerkt.« Gott hilft nur dem, der sich selbst hilft.

Krebs und Hoffnungslosigkeit

Als Psychotherapeutin, die hauptsächlich mit Krebskranken zusammenarbeitet, ist es mir immer wieder aufgefallen, wie bedeutend das Problem der Hoffnungslosigkeit ist. Das bedeutet nicht, daß die Krebspatienten darüber reden. Aber ihre Stimmung und ihre Ausstrahlung weisen darauf hin. Eine Freud- und Trostlosigkeit umgibt sie, oft verbunden mit Hilf- und Schlaflosigkeit.

Viele Brustkrebspatientinnen bekommen ihre Krankheit gerade zu einem Zeitpunkt, an dem sie sich nicht mehr gebraucht fühlen. Die Kinder lösen sich und gehen aus dem Haus. Der Mann geht in seinem Beruf auf. Diese Frauen haben das sogenannte Leere-Nest-Syndrom. Sie haben das Gefühl, ihr Leben sei inhalt- und zwecklos. Sie selbst hatten nie an sich gedacht und lebten nur für das Wohl ihrer Familie. Sie haben infolgedessen ihr eigenes Ich aufgegeben, und nun stehen sie vor einer Leere. Depressive Stimmungen, Freudlosigkeit und Selbstzweifel kommen zu der Krebskrankheit noch hinzu und lähmen sie.

Als erstes muß der Kranke seine Hoffnungslosigkeit besiegen. Er muß aus der Isolation von völliger Rat- und Hilflosigkeit herauskommen und zu seiner Krankheit stehen. Vor allem: Er muß leben wollen. Leben, das bedeutet nicht dahinsiechen und sterben. Leben, das bedeutet arbeiten, lieben, genießen. Nicht mehr und nicht weniger.

Dies illustriert am besten die bekannte Geschichte von den beiden Fröschen. Sie waren aus Versehen in eine Milchkanne gefallen. Sie labten sich an der Milch, schwammen herum und freuten sich des Lebens. Auf einmal merkten sie jedoch, daß sie nicht mehr aus der Kanne herauskamen. Die Wand war zu glatt, um daran hochzuklettern. Sie mußten erkennen, daß sie gefangen waren. Der eine der Frösche jammert: »Nun ist das Ende gekommen. Einmal muß ich ja sowieso sterben. Ich schaffe es nicht, ich schaffe es nicht.« Der andere Frosch wollte einfach nicht daran glauben, daß er so sterben sollte. Während der jammernde Frosch betete und an ein Wunder glaubte und ertrank, zappelte der andere Frosch um sein Leben. Er zappelte und zappelte und strampelte und strampelte und strampelte. So strampelte er die ganze Nacht hindurch unermüdlich und zäh. Es war Morgengrauen geworden, und plötzlich spürte er unter sich einen Widerstand. Er saß auf einem großen Butterklumpen, den er durch sein zähes Strampeln erzeugt hatte. Er stieß sich ab – und klatsch, saß er auf der Wiese, die Sonne ging auf, und er lebte. Sein zähes Kämpfen gegen den Tod hatte ihm das Leben gerettet.

Krebs und Schuld

»Sag mir, was wiegt eine Schneeflocke«, fragte die Tann-meise die Wildtaube. »Nicht mehr als nichts«, gab sie zur Antwort. »Dann muß ich dir eine wunderschöne Ge-schichte erzählen«, sagte die Meise. »Ich saß auf dem Ast einer Fichte, dicht am Stamm, als es zu schneien anfing. Nicht etwa heftig im Sturmgebraus, nein, wie im Traum, lautlos und ohne Schwere. Da ich nichts Besseres zu tun hatte, zählte ich die Schneeflocken, die auf die Zweige und Nadeln meines Astes fielen und darauf hängenblie-ben. Genau 3 741 953 waren es. Als die 3 741 954te Flocke niederfiel, nicht mehr als nichts, wie du sagst, brach der Ast ab.« Damit flog die Meise davon. (Münd-lich überliefert.)

In der Psychologie unterscheidet man zwischen ob-jektiver und subjektiver Schuld. Zur objektiven Schuld zählen Rauchen, falsche Ernährung und Alkoholmiß-brauch, für die wir selbst voll verantwortlich sind. Sub-jektive Schuld ist dasjenige, was wir ohne Zutun mitbe-kommen haben: unsere Gefühle und unsere Kindheit. Die objektive Schuld können wir über die Erkenntnis ändern, indem wir eine andere Lebensweise annehmen. Die subjektive Schuld können wir nur in einer Psycho-therapie aufarbeiten.

In diesem Sinne frage ich mich selbstverständlich im-mer, ob ich schuld daran habe, daß ich Krebs bekam. Ist das der Preis, den ich für meine Lebensweise zahlen mußte? Ich habe geraucht, 15 bis 20 Zigaretten pro Tag, und das 10 Jahre lang. Ich habe keine glückliche Ehe geführt. Ich war nervös und unausgeglichen. Häufig heißt es auch, daß derjenige, der seine Aggressionen nicht auslebe, ein Magengeschwür oder Krebs bekomme.

Diese Dinge spielen möglicherweise eine Rolle. Doch ich kann nicht daran glauben, daß wir selbst schuldig sind, wenn wir Krebs bekommen. Schuld und Krebs passen nicht zusammen.

In gewisser Weise erhöht die Gesellschaft noch den Druck auf den Kranken, sich schuldig zu fühlen. Der ideale Bürger ist der, der durch eine gesunde Lebensführung und richtige Vorsorge gar nicht erst krank wird. Das überwindet die Medizin als Reparaturbetrieb. Doch die Kehrseite davon ist leider, daß die Krankheit als Folge eines Versagens und Unterlassens angesehen wird. Das ist aus meiner Sicht ein Irrweg.

Schuldgefühle werden auch dadurch verursacht, daß das heutige riesige Heilungsangebot dem Kranken suggeriert, er habe noch nicht intensiv genug gesucht, um jemanden zu finden, der ihn gesundmacht. Vorsorgemaßnahmen als Bestandteil einer vernünftigen Gesundheitspolitik sind notwendig. Das differenzierte Heilungsangebot in unserer Gesellschaft erzeugt sehr seltsame Patientenkarrieren. Der Weg führt vom Schulmediziner zum Psychologen, vom Psychologen zum Alternativmediziner, vom Alternativmediziner zum Heilpraktiker, vom Heilpraktiker zum Geistheiler usw. Sie alle machen uns glauben, daß Heilung jederzeit möglich ist, wenn wir nur lange genug nach dem richtigen Weg für uns suchen. Auch diese Schuldgefühle sind meines Erachtens vollkommen unbegründet. Das sehr belastete Verhältnis unserer Gesellschaft zum Krebs zeigt sich auch im Vergleich zu anderen Krankheiten. Der Herzinfarktpatient etwa wird gleichsam als Opfer seines Arbeitsethos gesehen: durch Streß und zuviel Arbeit. Genauso das Magengeschwür, wenn es Manager oder Politiker befällt. Mit diesen Krankheiten kann unsere Gesellschaft umgehen. Krebs jedoch hat etwas Unheimliches, Unheilvolles, Bösartiges und scheint unweigerlich zum Tode zu führen. Vergleicht man jedoch die Statistiken, so sterben in unserer Gesellschaft mehr Menschen an Herzinfarkt als an Krebs.

Krebs und Streß

Es ist heute unbestritten, daß Streß das Krebsrisiko erhöht. Aber was ist eigentlich Streß? Die Weltgesundheitsorganisation WHO sieht darin die »neue Krankheit des Jahrhunderts«. Der Streßexperte Selye hat eine Bewertungsskala für den Streß ausgearbeitet. Danach verursacht den größtmöglichen Streß der Tod eines Kindes, gefolgt vom Tod des Ehepartners.

Das erhöhte Krebsrisiko durch diese Formen von Streß kann ich aus meiner Praxis bestätigen. Zwei meiner Krebspatientinnen bekamen im gleichen Alter von 48 Jahren Brustkrebs. Beide hatte zwei Jahre zuvor ihre Söhne durch Suizid bzw. Totschlag verloren. Die Parallelen waren sehr auffällig. Sie waren so in Trauer und Depression verstrickt, daß sie ihre eigene Krankheit und ihren eigenen möglichen Tod gar nicht als furchtbar bewerteten. Bei beiden Frauen schmerzte der Verlust des Kindes viel stärker als der Verlust der Brust, die eigene Verstümmelung. Sie haben es wortlos und ohne Klagen hingenommen. Nachdem sie die Trauer um ihre Söhne verarbeitet hatten, haben sie sich wieder ihrem Leben gestellt und den Krebs besiegt.

In der Sprache und in den Medien wird mit dem Wort Streß viel Unfug getrieben. Mit diesem Begriff wird gesetzt: Schulstreß, Urlaubsstreß oder Verkehrsstreß, Streß bei Arbeitslosigkeit oder bei der Pensionierung, Streß in der Ehe, Haushaltsstreß usw. Gerade wegen des häufigen mißbräuchlichen Umganges mit diesem Wort sollte man immer wieder auf die Unterscheidung in der Psychologie hinweisen.

Es gibt zwei Arten von Streß: Eu-Streß und Dis-Streß. Eu-Streß ist positiver, angenehmer Streß. Er bezieht sich auf das, was zwar mit Anstrengung verbunden ist, aber trotzdem gern getan wird: Sport oder erfolgreiche Arbeit beispielsweise. Beim Dis-Streß hingegen, dem negativen Streß, werden die letzten Reserven des menschlichen Körpers aktiviert, ohne daß irgendein als sinnvoll erlebtes Ziel oder Egebnis erreicht wird. Dieser Streß erzeugt mit der Zeit Gefühle von Hoffnungslosigkeit, Ohnmacht, Selbstzweifel und Angst. Grob gesehen, bezeichnen wir Eu-Streß als gesund, ja geradezu als gesundheitsfördernd, Dis-Streß hingegen als krankmachend und krankheitserzeugend.

Krebs und Liebe

Die Auffassung von dem, was wir emphatisch als Liebe oder Fähigkeit des Liebens bezeichnen, kann bei Krebserkrankungen eine große Rolle spielen. Liebe hat viele Bedeutungen: Nächstenliebe, Mutterliebe, die erotische Liebe, die Selbstliebe, Gottesliebe, Elternliebe. Doch wann ist Liebe Egoismus und wo ist die Grenze zwischen Realität und Illusion? Erich Fromm bezeichnet mit unreifer kindlicher Liebe in etwa folgende Einstellung: Ich liebe dich, weil ich dich brauche, so wie das

Kleinkind die Mutter unbedingt braucht. Eine reife Liebe jedoch sagt: Ich brauche dich, weil ich dich liebe.

Wenn ein Mensch zum Beispiel nur eine einzige Person liebt und ihm alle anderen Menschen gleichgültig sind, dann ist diese Form der Liebe Abhängigkeit oder Egoismus. Es ist mir bei vielen Krebspatienten aufgefallen, daß sie als einen Beweis der Intensität ihrer Liebe ansehen, wenn sie außer der einen Person niemanden sonst lieben. Um auf einen weiteren Gedanken von Fromm zurückzukommen: Wenn ich einen Menschen wirklich liebe, liebe ich alle Menschen. Ich liebe die ganze Welt. Ich liebe das Leben. Wenn ich zu einem anderen sagen kann:»Ich liebe dich«, dann muß dies beinhalten können:»Ich liebe in dir alle Menschen. Ich liebe in dir die Welt. Ich liebe in dir mein Selbst.«

Wenn Krebskranke das begreifen, ist schon viel gewonnen. Sie sollten keine symbiotische Verbindung mit ihren Kindern oder ihren Ehepartnern eingehen, sondern sie müssen erkennen, daß diese ihr eigenes Leben leben. Liebe bedeutet auch Geben und Annehmen. Liebe bedeutet Verständnis, Zuhören und Nähe. Eine Krankheit als Machtmittel zu benutzen, um den anderen zu halten, ist sicherlich der falsche Weg. Aber auch Streiten gehört zum Lieben, denn ohne gelöste Konflikte gibt es keine Entwicklung. Streiten kann man lernen. Positiv streiten nennen die Psychologen diese Form, die es Partnerbeziehungen ermöglicht, trotz Unstimmigkeiten intakt zu bleiben. Jede Beziehung erfordert Nähe und Abstand. Auch das gilt es zu akzeptieren. Das Empfinden der Zusammengehörigkeit mit Menschen bedeutet eine Überwindung des Gefühls von Verlassenheit und Einsamkeit bei Krebspatienten.

Kranke sollten mit ihren Angehörigen und Freunden

diese Form des Zusammenlebens verwirklichen, das ich in Anlehnung an Fromm als die Liebe in Freiheit bezeichnen möchte. Diese Liebe ist gleichsam unverbindlich. Sie fixiert nicht und will nicht ausschließlich besitzen. Liebe kann verbinden, aber auch binden. Dabei kann Bindung als Drang, jemandem nahe zu sein, verstanden werden. Aus diesem Drang entspringt das Bedürfnis nach körperlichem Zusammensein, der Wunsch, sich gegenseitig liebend zu halten, zu wärmen, Kraft und Zärtlichkeit auszutauschen. Doch selbst wenn Bindung nicht zwischen zwei Menschen, sondern zwischen einem Menschen und einem Tier entsteht, ziehen wir Kraft und Freude aus ihr. Um gesund zu bleiben, brauchen wir die Fähigkeit, uns binden zu können, also Liebe zu empfangen und zu schenken. Aber wir brauchen dazu auch die Fähigkeit, uns zu trennen. Dieses mag zwar überraschend klingen, aber wenn wir überlegen, wie häufig wir uns im Leben von Menschen, Gegenständen und Orten, aber auch von Ideen trennen, dann wird uns klar, daß wir Bindung nicht ohne Trennung haben können. Bei Bindung spüren wir Wärme, aber bei Trennung fühlen wir Schmerz und Trauer. Dabei schafft letzteres gerade die Voraussetzung für eine neue Bindung. Wir besitzen wieder freie Kräfte, um uns neu zu binden, wenn wir durch die Trauer, die eine Trennung bewirkt, hindurchgegangen sind.

Viele Menschen wollen jedoch Trennungen und die damit verbundene Trauer vermeiden, weil sie sich vor dem Schmerz fürchten. Dieses Abblocken führt seinerseits ebenso zur Einsamkeit und Gefühlen des Verlassenseins. Verlassenheitsgefühle können auch Menschen haben, die in einer Partnerschaft oder Familie eingebunden sind und sich nichts mehr zu sagen haben und deshalb isoliert fühlen. Aus Angst, eines Tages selbst verlassen zu werden, erlauben sie sich keine tiefen Gefühle. Sie bleiben emotional oberflächlich. Ihre Umgebung fühlt sich von ihnen nicht wirklich geliebt, da sie Zurückhaltung und Kälte spürt. In unserer Gesellschaft scheint dieses Abblocken besonders für Männer typisch zu sein. Es kann deshalb nicht oft genug betont werden: Wir brauchen Bindungen an andere Menschen, damit wir uns geborgen und geliebt fühlen und damit wir uns selbst achten und das Gefühl haben, eigene Vorhaben verwirklichen zu können. Dies ist um so wichtiger, wenn wir – als Betroffene, Angehörige und Freunde – mit einer Krankheit wie Krebs konfrontiert werden, die uns die essentiellen Fragen unserer Existenz bewußt macht, wie die nach dem Sinn des Lebens, wenn wir irgendwann sterben müssen.

Viele Menschen, die ihre alten Bindungen, z. B. nach einer Scheidung oder einem Verlust, nicht aufarbeiten, fallen in Resignation und hegen ein grundsätzliches Mißtrauen aus Angst, enttäuscht zu werden. Das ist auch eine wichtige Ursache dafür, daß manche nach einer Scheidung keine befriedigende neue Partnerschaft eingehen können. Ich möchte Ihnen hier die Phasen kurz skizzieren, die zur Trauerarbeit dazugehören und die Ihnen bei der Aufarbeitung des Verlustes helfen können.

1. Man leugnet, daß eine Trennung bevorsteht, will sie nicht wahrhaben, »steckt den Kopf in den Sand«.
2. Ärger und Protest gegen die Trennung tauchen auf.
3. Traurigkeit und Sehnsucht wird empfunden. Man möchte zurück in die Bindung.
4. Angst und Verlassenheit, Einsamkeitsgefühle und große Traurigkeit.

48

5. Man ist gefühlsmäßig noch nicht damit einverstanden, macht sich aber die Notwendigkeit der Trennung mit dem Verstand klar.
6. Annehmen der Trennung. Sie wird akzeptiert, und auch schmerzliche Gefühle werden zugelassen.
7. Eine neue Beziehung wird gesucht und eingegangen.
8. Man verzeiht dem alten Partner, und man verzeiht sich selbst, Schuldzuweisungen werden nicht mehr gemacht, und Schuldgefühle verschwinden.
9. Dankbarkeit gegenüber der alten Bindung. Es bleiben gute Gefühle und Erinnerungen an die vergangenen Zeiten zurück.

Wir müssen die Bereitschaft lernen, etwas aufzugeben, wenn wir glauben oder empfinden, daß die Zeit dafür gekommen ist. Diese Bereitschaft, nicht krampfhaft an etwas festzuhalten, müssen wir auch von anderen verlangen können, und sie ist für Gesunde wie für Kranke gleichermaßen wichtig.

Krebs und Identität

In meiner langjährigen Berufspraxis mit Krebspatienten habe ich immer wieder die Erfahrung gemacht, daß es gewisse Parallelen zwischen den Krankheitsbildern gibt. Krebskranke Patienten befinden sich oft lange vor Ausbruch der Erkrankung in einer Identitätskrise. Sie weisen meist eine starke Schwächung des Ichs und eine destruktive Dynamik (Selbstvorwürfe) auf. Nach außen hin zeigen sich diese Menschen allerdings meist freundlich und zuvorkommend. Sie sind sehr gehemmt in ihren Aggressionsäußerungen und dem Zulassen anderer negativer Gefühle. Sie zeigen sich sehr angepaßt und dulden sehr viel Verletzungen, anstatt sich zu wehren. Bisher habe ich kaum einen Krebskranken erlebt, für den Wutausbrüche typisch wären. Die Krebspatienten sind im allgemeinen sehr höflich und gehen auch mit ihren Ärzten und Psychologen sehr rücksichtsvoll um. Sie gehen Auseinandersetzungen und Konflikten in ihren Familien eher aus dem Weg. Sie sind geradezu unfähig, Feindseligkeiten auszudrücken. Die oft sehr starken aggressiven Gefühle, die sie zweifellos haben, können sie nicht herauslassen, da ihre Angst, Sympathien, Anerkennung und Liebe zu verlieren, stark ist.

Daher ist es unbedingt notwendig, daß Krebspatienten ihre eigene Identität und ihren eigenen Willen entwickeln und den Mut bekommen, sich durchzusetzen. Denn Schlimmeres als diese Krankheit gibt es nicht. Sie müssen aufhören, die Erwartungen ihrer Umwelt zu erfüllen, und lernen »ich« zu sagen, so banal das klingt. Das eigene Ich auf allen Ebenen des Lebens und des Alltags versuchen einzubringen ist ein großer Schritt zur Stärkung der seelischen Gesundheit. Zu dem zu stehen, was **ich** sage, fordere und empfinde. Dann wird es überflüssig, davor wegzulaufen oder die Augen zu verschließen. Erfolg hat zu sagen: Ich will, ich kann, ich werde.

In der Bibel steht: Liebe deinen Nächsten wie dich selbst. Was eigentlich soviel bedeutet wie, zur Selbstliebe fähig zu sein. Somit ist die Bibel der beste Ratgeber der Psychologie. Denn erst dann, wenn wir uns selbst lieben, können wir auch etwas verschenken: nämlich Liebe. Ich tue, was ich tue, und du tust, was du tust. Ich bin nicht auf der Welt, um nach deinen Erwartungen zu leben, und du bist nicht auf der Welt, um nach meinen Erwartungen zu leben. Ich bin ich, und du bist du. Finden wir uns zufällig, dann ist es gut so. Und wenn nicht, dann sollte es nicht sein.

Immer wieder erwartet der erwachsene Mensch von der Psychologie praktische Ratschläge zur Lebensführung. Der gesunde Mensch im eigentlichen Sinn ist der Selbstverantwortliche, der sich nach seinen eigenen Bedürfnissen orientiert und diese für sich selbst befriedigt, aber nicht auf Kosten anderer. Der Schizophrene sagt, ich bin Jesus. Der Krebspatient sagt, ich kann nicht, ich bin ja nicht Jesus. Der Gesunde sagt, ich bin ich. Die Psychotherapie muß darin bestehen, aus dem Krebspatienten einen gesunden Patienten zu machen. Der sich annimmt mit dem Standpunkt: ich bin ich. Mit dieser Einstellung steigen seine Chancen, gesund zu werden.

Immer wieder höre ich die Meinung, daß man sich nicht ändern kann, daß man ist, wie man ist. Selbstverständlich kann **man** sich nicht ändern, aber **ich** kann mich ändern. Ich bin nicht so, wie ich sein soll oder sein muß. Ich bin ich. Selbstverständlich kann ich »man« sagen. Es gelingt mir dann, mich anonym zu verstecken, mich als Unbekannter durchzuschlängeln. Ich werde von anstrengender Konfrontation verschont bleiben. Allerdings werde ich auch nie das befriedigende Gefühl erfahren, ein erfülltes Leben zu leben. Der Vergleich mit einer Blume liegt nahe, die sich nicht öffnet und somit schon als Knospe verwelkt. Regen und Sturm sind ihr zwar erspart geblieben, aber sie war auch verschlossen für die Sonnenstrahlen, die Schmetterlinge, den lauen Wind, den blauen Himmel und die schönen und beglükkenden Seiten des Lebens.

Ein richtiger Mensch braucht Feinde, heißt es. Das bedeutet: Ein erwachsener Mensch zeichnet sich durch

Rückgrat aus. Wer keine Feinde hat, braucht auch kein Rückgrat. Er hat nie nein gesagt. Diese Gedanken sind für Krebskranke besonders wichtig, da sie aus ihrer Hilflosigkeit und Ohnmacht und aus ihrer Depression herauskommen müssen. Je mehr ich ein anpassungsfähiges Wesen bin, das durch alle Gefahren hindurchschlüpft, ohne sich überhaupt verletzen zu lassen und ohne anzuecken, desto weniger bin ich angreifbar. Diese Einstellung hilft mit, Kritik und Konflikte zu vermeiden. Ich habe allerdings auch keine Chance, etwas in der Welt oder an mir selbst zu verändern.

Wenn mich jemand verletzt, lasse ich mir nichts anmerken. Dadurch vermeide ich die Konfrontation. Ich gebe dem andern keine ehrliche Rückmeldung und damit keine Notwendigkeit zur Veränderung. Wenn ich meinem Gegner nicht zeige, daß er mich verletzt hat, wird er keine Veranlassung sehen, sein Verhalten zu verändern. Er weiß nichts von meinen Gefühlen. Und somit werden sich in Zukunft Verletzungen und Kränkungen ansammeln.

Viele Krebspatienten beherrscht die Angst, Liebe und Zuwendung zu verlieren, wenn sie sich emanzipieren. Was wird passieren, wenn sie beginnen, ein selbständiges, reifes Leben zu führen, wenn sie beschließen, erwachsen zu werden? Solange sie sich klein und schutzbedürftig geben, können sie vor Angriffen und Kritik sicher sein. Von einigen meiner Patienten, die sich endlich frei gemacht haben, die aus diesem regressiven kindlichen Verhaltensmuster ausgetreten sind, habe ich häufig folgendes gehört. »Es war bei weitem nicht so schlimm, wie ich befürchtet hatte. Im Gegenteil, ich bereue höchstens, daß ich es nicht schon früher getan habe.«

Krebs und Zeit

Jeder Mensch kann seine Zeit einteilen, wie er will. Er kann sie vertrödeln oder bis in die letzte Sekunde ausnutzen. Die Zeit ist das einzige, was uns das ganze Leben lang gehört, das wir nach unserem eigenen Gutdünken verwenden können. Sie ist reichlich vorhanden und dennoch begrenzt. Erleben wir viel, kommt uns die Zeit kurz vor. Oft ein wenig zu kurz. Wenn wir weniger erleben, erscheint die Zeit uns lang, oft zu lang. In der Erinnerung ist es meistens umgekehrt. Je mehr wir erlebt haben, um so mehr Zeit erinnern wir. Denken Sie an ein total vertrödeltes ödes Wochenende, an dem wir uns am Sonntag abend recht unwohl und unbefriedigt fühlen. Ein solches Wochenende wird aus unserer Erinnerung gelöscht, aber Zeiten, in denen wir die Zeit gelebt haben, werden uns unvergessen bleiben.

In der Tiefenpsychologie spricht man von sogenannten einfachen Symbolbildern – Haus, Baum, Tier. Der deutsche Psychotherapeut Dr. Leuner entwickelte aus diesem Bildererlebnis eine Entspannungstherapie. Als Symbol benutzte er das Wasser in seinen verschiedenen Ausprägungen. Die Quelle wird als Geburt, die Einmündung ins Meer als Tod gesehen. Der Fluß wandelt sich fortlaufend. Mache ich mir den Fluß bewußt und sehe ihn, erlebe ich die Gegenwart. Das Wasser, das wegfließt, und die Wassermengen, die noch kommen werden, symbolisieren für mich die Zukunft. Die verflossenen Liter stehen für die Vergangenheit. So sind im Erleben Zeit, Identität und der Fluß eins. Der Fluß beginnt an der Quelle, die aus der Erde sprudelt. Es bildet sich ein Teich, ein Becken, in dem sich das Quellwasser sammelt. Ein Bach, der sich einen Weg suchen muß. Er sucht sich seinen Weg zwischen Steinen und Felsen, zwischen Wiesen und Wäldern. Ist er stark genug, kann er die Hindernisse sofort hinwegschwemmen. Sind die Hindernisse aber zu groß, wird er einen Umweg nehmen, sich anstauen und über die Ufer treten. War der kleine Fluß oder das Bächlein noch damit beschäftigt, den Weg zu suchen, so hat der Bach schon seine Rinne und der Fluß sein breites Bett.

Für alle Krebskranken wird die Zeit überaus wichtig und kostbar. Ich möchte in diesem Zusammenhang Sigmund Freud zitieren: »Es gibt keine persönliche Reife ohne Leiden, keinen Aufstieg ohne Mühe und keinen Erfolg ohne Leiden.« Erfolg stellt sich ein, wenn wir den richtigen Weg gefunden haben und ihn auch beschreiten. Ein erfolgreiches Leben besteht darin, daß wir unsere Talente und Fähigkeiten zum richtigen Zeitpunkt in einer richtigen Weise nutzen. Der Erfolg ist die Begleiterscheinung eines aktiven Lebens, in dem wir Leistungen hervorgebracht haben und zufrieden sind. Zeit kann sehr kostbar werden, wenn wir nicht genug davon haben, wenn wir sie verplempern, wenn wir nicht wissen, was wir mit ihr anfangen sollen.

Wir sollten unterscheiden zwischen physikalischer Zeit, die von der Uhr gemessen wird, und der seelisch erlebten Zeit, die unabhängig von der Uhr verläuft. Die physikalische Zeitmessung ist ein Produkt des Denkens. Es gibt die Vergangenheit, die abgelaufene Zeit, die gegenwärtige Uhrzeit und die zukünftige Zeiteinteilung, das sind die folgenden Stunden, Tage, Wochen, Monate und Jahre. Die psychologische Zeit kann nicht mit der Uhr gemessen werden. Für die Psyche existiert zunächst einmal vor allem die Gegenwart. Es gibt nur eine Zeit des Erlebens. Das ist die Gegenwart, das ist der Augenblick. Die bereits gelebte Gegenwart ist Vergangenheit. Die erwartete Gegenwart ist die Zukunft. Die Vergangenheit hat existiert, die Zukunft wird existieren. Darum weisen Psychologen so oft auf die Bedeutung des Hier und Jetzt hin. Und nur im Hier und Jetzt ist Erleben möglich.

Der große Arzt und Psychologe Sigmund Freud ist der Begründer der Psychoanalyse. Sie hat die Bedeutung der Vergangenheit für unsere Gegenwart besonders betont. Die angesammelten Erfahrungen gelebten Lebens reichen bis in die Gegenwart hinein. Sie bestimmen unsere Gefühle, beeinflussen unseren Lebensplan für die Zukunft. Es ist wichtig, die Vergangenheit bewußtzumachen und sie im Licht der Gegenwart wieder neu zu betrachten. Wir erkennen dann, wo die Ursachen unserer Ängste und Verletzungen liegen, die uns oft krank gemacht haben. Es ist sinnvoll, die vergangenen Ängste wieder zu erleben, sie zu erkennen und mit einem Therapeuten zu besprechen. Wir erinnern uns an die Vergangenheit und sie kann nachträglich aufgearbeitet werden. Das verschafft Erleichterung und führt oft zur Gesundung. Man befreit sich von der Belastung der Vergangenheit. Die vergangene Zeit liegt nun wirklich hinter uns. Sie ist gestern oder vor 10 Jahren geschehen. Sie mag uns allerdings heute noch beschäftigen, aber sie ist dennoch gleichsam ein toter Gegenstand. Sie ist nicht das wirkliche Leben. Es gibt nur das wirkliche Leben, und das geschieht jetzt. Das Jetzt ist lebendig. Schon die Stunde davor ist nicht mehr lebendig. Ich kann mich an sie erinnern. Ich kann diese Erinnerung hochkommen lassen, aber es ist ein Sprechen über etwas bereits Gelebtes. Ich kann die Gefühle der Vergangenheit in meinem neuen gegenwärtigen Zustand einfließen lassen. Aber es sind vergangene Gefühle, und sie vermi'schen sich mit den gegenwärtigen Emotionen.

Vergangenes fließt in die Gegenwart mit ein, und wir unterscheiden ganz genau Gegenwart und vergangene Gefühle. Das Gefühl für die Vergangenheit vor 10, 15 Jahren ist nicht mehr das Gefühl, das wir einst empfanden. Wir erleben nie wieder dasselbe, was wir schon einmal erlebt haben. Heraklit sagte einmal treffend: »Wir steigen in denselben Fluß und doch nicht in denselben, wir sind es, und wir sind es nicht.« Wir können zu verschiedenen Zeiten in demselben Fluß baden. Aber die Sonne steht anders, die Wolken sind anders, die Temperatur ist eine andere, und es ist zwar derselbe Fluß, aber dennoch steigst du in einen anderen Fluß. Die jetzt erlebte Zeit ist die seelische Zeit. Der Sinn darin liegt, dieses Erleben in diesem Moment, von Moment zu Moment zu entfalten. Das ist ein wichtiger Hinweis für alle Psychotherapien.

Leider gibt es sehr wenige Mitmenschen, die ihren Beruf als Berufung sehen und ihn mit Liebe und Freude ausüben und als sinnvollen Teil ihres wirklichen Lebens beschreiben können. Für die Mehrzahl der Berufstätigen wird die Tätigkeit zur langweiligen, öden und stumpfsinnigen Pflichterfüllung. Sie verkaufen ihre Arbeitskraft, um ihren Lebensunterhalt bestreiten zu können. Rechnen wir aber mal 24 Stunden Zeit auf, so bleibt uns doch noch recht viel. Nach Abzug von 16 Stunden Schlaf und Beruf bleiben uns also in der Regel noch acht Stunden Freizeit. Rechnen wir eine Stunde für Morgentoilette, Frühstück und Fahrzeit ab und zwei Stunden für Einkäufe, Kochen und sonstige häusliche Verpflichtungen, bleiben uns noch fünf Stunden übrig. Um diese fünf Stunden geht es, denn sie können genutzt werden für unser Leben, für unsere Freizeit, das Leben zu führen. In dieser Zeit können wir das leben, was wir gerne tun, was wir selbst unternehmen wollen. Wir müssen aufhören, alles auf morgen zu verschieben. Lebendigkeit aber können wir nicht aufschieben. Sie findet im Jetzt statt. Jetzt in diesem Moment. Ich atme ein und aus. Die Sonne bestrahlt mein Gesicht. Ich begegne Menschen, die mich anlächeln. Das geschieht jetzt. Mein Atmen werde ich wohl nicht auf morgen verschieben, denn es geschieht jetzt. Deshalb findet meine Zukunft auch jetzt statt. Wenn ich heute nicht mehr atmen würde, wäre ich morgen tot. Das Leben muß jetzt gelebt werden.

Wir müssen unterscheiden zwischen Körper, Seele und Geist, trotz der Einheit dieser drei Instanzen. Ich möchte an dieser Stelle folgende Meditationsübungen vorschlagen. Der Geist hat eine Verabredung getroffen, und ich werde sie also geistig einhalten.

Während ich hingehe, mein Körper zum Gehilfen des Geistes wird, spüre ich die Lebendigkeit um mich und fühle mich selbst lebendig und aufgeschlossen. Ich lasse die Wirklichkeit in mich einströmen und durch mich durchfließen. Ich fühle mich frei, offen, dies alles zu erleben. Ich bin lebendig. Das Leben kommt zu mir. Es wäre eine Verkrampfung, wenn ich mich dem Leben aufdrängen würde. So kommt die Zeit zu mir, und ich nehme sie an.

Reinhold Messner wurde einmal über seine Motive befragt, warum er gefährliche Felswände hochklettere und dabei sein Leben riskiere. Er sagte ganz einfach, daß er sich gegenwärtig fühle. Um nicht abzustürzen, käme es auf jeden Handgriff an. Wenn er aus der Felswand zurückkäme, hätte er das Gefühl, gelebt zu haben.

Das wäre ein Kitzel, der ihm wichtig sei. Das würde ihn aus dem langweiligen, gewohnten Alltag herausreißen. Und das vergangene Erlebnis wäre intensiv gewesen. Ein Hochgefühl. Wir selbst brauchen nicht ständig die Lebensgefahr spüren, sondern es genügt, einfach durch eine Landschaft zu wandern, einen Bachlauf entlangzugehen, die Pflanzen zu betrachten, die Käfer, die Vögel, die Fische im Wasser und die Bäume. Und dies ist nichts Langweiliges, sondern etwas Besonderes. Müssen wir an einer Felswand hängen, um uns lebendig zu fühlen? Müssen wir mit einem Drachen fliegen? Oder mit einem Auto durch die Kurven rasen, um den Wert des Augenblicks zu fühlen?

Jeder Augenblick ist wertvoll genug, um ihn ganz zu erfassen. Ich muß keine Lebensgefahr empfinden, um die Gegenwart zu spüren. Ich muß mich nicht erst in einer prickelnden Gefahr dem Leben öffnen. Wir können äußerlich still sein. Es muß nicht immer Aufregendes passieren. Hermann Hesse sagt sinngemäß: Wer das Größte ein klein wenig zu lieben vermag, der ist ärmer und geringer als der, der am Kleinsten aufblühen kann.

Jeder von uns lebt nur einmal, und Krebskranke haben keine Zeit zu verschenken. Kaum haben wir etwas getan, gehört es schon der Vergangenheit an. Je älter und kränker wir werden, je kostbarer ist die Zeit. Und mit allem Kostbaren müssen wir sparsam und behutsam umgehen. Oft hindern uns eingefahrene Gewohnheiten, unsere Zeit sinnvoll zu gestalten. Jeder weiß, daß es leichter ist, einen bereits rollenden Wagen weiterzuschieben, als ihn aus dem Stillstand in Bewegung zu bringen. Es ist immer leichter, etwas anzukurbeln, was schon läuft, was sich schon im Fluß befindet.

Wir kennen gewiß an uns selbst einen Zug unserer

Persönlichkeit, der uns mißfällt. Es besteht die Möglichkeit, daß wir nichts ändern und damit ohne größere Schwierigkeiten zurechtkommen. Die zweite Möglichkeit besteht darin, diese Eigenart in uns zu bekämpfen, sie zu unterdrücken oder zu verdrängen. Aber diese Möglichkeit ist meistens unbefriedigend und kostet zudem sehr viel Kraft. Die dritte Möglichkeit ist die beste Lösung. Wir geben dieser Eigenheit ein abgegrenztes Wirkungsfeld, wo sie sich entfalten kann und trotzdem unter Kontrolle bleibt. Der eine treibt Sport, der andere sammelt, der andere ist Amateurkünstler, und der vierte spielt gern Karten.

Wir müssen versuchen, in der Freizeit diejenigen Wesenszüge zu kultivieren, die bei uns in unserem Berufsleben zu kurz gekommen sind. Oder die uns immer gehindert haben, unseren Beruf erfolgreich auszuüben. In unserer Freizeit und zu Hause können wir Dinge unternehmen, die im Beruf keinen Platz haben, und dabei die Freude erleben, etwas Sinnvolles zu tun.

Krebs und Glauben

Ein Ereignis wie Krebs kann die Grundfesten des Glaubens in Gott erschüttern. Was muß das für ein Gott sein, der den Menschen solches Leid auferlegt? Warum stößt mir so etwas zu? Warum gerade ich? Selbst gläubige Christen fragen dann danach, warum Gott sie verlassen hat. Wenn einem solches Unglück zustößt, dann muß irgend jemand daran schuld sein. Und wem anderen als Gott sollten wir sonst einen Vorwurf machen? Jeder von uns akzeptiert theoretisch die Tatsache, daß guten Menschen schlimme Dinge geschehen, nur wenn sie uns selbst zustoßen, können wir dies nicht selbstverständlich annehmen. Diejenigen, die an einen liebevollen, barmherzigen Gott glauben, können sich einfach keinen himmlischen Plan vorstellen, der soviel Leid vorgesehen hat.

Es ist ein reales und schreckliches Gefühl, wütend auf Gott zu sein. Der Glaube, den wir vielleicht vor der Krankheit hatten, ist oft nicht so unerschütterlich, wie wir meinen. Wie steht es in der Bibel:»Bitte, und es wird dir gegeben.« Doch oft nützt alles Bitten nichts. Beten kann eine tiefe, persönliche Aussprache mit Gott sein: Gott vertrauen und mit ihm reden. Denn niemand kennt uns so gut wie Er. Bitten Sie in den Gebeten um Heilung, um Hilfe, um Verständnis, um alles, was Sie bedrängt. Oft allerdings werden die Gebete nicht erhört. Doch auch ein Kind mit einer Beule am Kopf weiß, daß seine Mutter diese nicht zum Verschwinden bringen kann. Aber sie kann den Schmerz nehmen, indem sie sich dem Kind zuwendet und es tröstet. So gibt oft ein Gebet auch Trost und Erleichterung und erlöst aus der Einsamkeit. Wir fühlen uns dann weniger verlassen. Es ist einfach nur dies, Gott anzuvertrauen, daß wir mit unserem Schicksal nicht fertig werden. Glaube kann Berge versetzen, sagt ein Sprichwort. Aber beten kann uns befreien und erlösen von den Qualen der Selbstzerfleischung.

Krebs und Wahrheit

Ich habe für mich selbst herausgefunden, daß eine Beziehung zwischen Patient und Therapeut nur dann hilfreich ist, wenn wir uns absolut ehrlich verhalten.

Eine Lüge zwischen mir und dem Patienten macht mich unglaubwürdig und nimmt der Therapie sehr rasch den Wert, den sie haben sollte, und verwandelt sie unfreiwillig in eine Diskussion oder in ein Konversationsgeplänkel. Meine Patienten wissen entweder schon vor Beginn der Behandlung, in welchem Zustand sie sich befinden, oder sie erfahren in den ersten Sitzungen von mir die Wahrheit, was im allgemeinen zur Erleichterung führt. Wir können dann ganz offen miteinander sprechen. Wenn ein Therapeut nicht die Wahrheit sagt, liegt die Ursache meistens darin, daß er mit der Situation selbst nicht fertig wird. Die Situation des Patienten mobilisiert seine eigenen Ängste.

Das Erfordernis der absoluten Ehrlichkeit gilt natürlich nicht nur für diese grundsätzlichen Fragen der Krankheit. Vielmehr muß die Beziehung zwischen dem Therapeuten und dem Patienten in jeder Hinsicht auf Ehrlichkeit gegründet sein. Bei aller Ehrlichkeit spielt auch die Freundlichkeit eine Rolle, die aber eigentlich immer nur Aufgabe des Therapeuten ist und nicht des Patienten, da er eigentlich nicht freundlich und liebenswürdig sein kann. Nicht nur Sympathie, sondern auch Empathie tut not. Und die Empathie muß in beiden Richtungen vorhanden sein. Der Therapeut muß einen echten Kontakt zum Patienten herstellen, damit dieser in Kontakt zu seinem Selbst und zu seinem Leben tritt.

Selbstverständlich darf das Aussprechen der Wahrheit nicht die Hoffnung nehmen. Jeder Krebskranke, dessen Hoffnung auf ein eigenes, reiches Leben groß genug ist, ist auch fähig, die zeitweiligen Krisen und Schwierigkeiten während des Prozesses zu überwinden. Diejenigen der Patienten sind am ehesten fähig, gesund zu werden, gleich welche Enttäuschungen sie auch erfahren haben, die eine neue Quelle der Hoffnung entdecken und ein neues Selbstgefühl entwickeln können. Bei aller Ehrlichkeit, die wir als Therapeuten voraussetzen, bei aller Hoffnung, die wir den Patienten lassen, darf nicht nur die Frage stehen, wie muß ich leben, sondern der Kranke sollte sich fragen, wofür er lebt, mit wem er leben möchte, warum er gern lebt. Der persönliche Lebensstil beeinflußt unsere Gesundheit und Krankheit. Selbstverständlich beinhaltet die Wahrheit, die wir den Patienten sagen werden, auch die Hoffnung, die wir ihnen lassen, und den Kampf, den sie aufnehmen müssen. Gegen die Krankheit ankämpfen, sich nicht von der Krankheit unterkriegen lassen, die Krankheit besiegen, der Krankheit unterliegen, den Kampf aufgeben, in die Krankheit einwilligen. Diese Sätze kennt jeder von uns. Sie drücken sprachlich die innere Einstellung zur Erkrankung aus. Wir müssen den Patienten motivieren, die passive, kapitulierende Haltung in eine aktive und kämpferische Auseinandersetzung zu wandeln. Aber bevor dies geschieht, ist grundsätzliche Klärung vonnöten: Was bin ich für ein Mensch? Was macht mich einzigartig? Was hält mich am Leben? Wann benötige ich welche Hilfe von anderen Menschen? Die Frage, die nicht beantwortet werden muß, weil sie überflüssig ist, lautet so: Welche Person muß ich werden, um möglichst lange zu leben?

Krebs und Ärzte

Manche Patienten sprechen den Ärzten immer noch eine göttergleiche Aura zu und glauben, daß ein Arzt jede Krankheit heilen kann. Vielen Ärzten schmeichelt dies, und sie lassen sich diese Quasi-Anbetung gern gefallen. Andere versuchen, sich davon zu befreien und ihre Patienten von den Grenzen der Medizin zu überzeugen. Den meisten Kranken fällt es jedoch schwer, Ärzte als normale Menschen zu sehen. Sie bleiben die Überbringer positiver oder negativer Nachrichten und entscheiden somit in manchen Fällen über Leben und Tod. Sie können Krankheiten zum Stillstand bringen, und sie verstehen für uns unbegreifbare Vorgänge in unserem Körper. Wir hoffen, daß sie uns von den tödlichen Krankheiten befreien und daß sie uns die Schmerzen nehmen. Ärzte haben auch seelsorgerische Funktionen. Sie sind Ratgeber und Beistand bei Schmerzen und Beschwerden und müssen sich manches psychische Problem anhören.

Zumindest die Hausärzte wissen inzwischen um ihre Aufgabe als »Hauspsychologen«. Wir erwarten von ihnen, sich mit uns auseinanderzusetzen, Dinge zu hinterfragen, zu prüfen, ob sich hinter einer scheinbar harmlosen Beschwerde nicht andere Probleme verbergen. Wir verlangen von ihnen, daß sie uns unsere Ängste nehmen – eine nicht verarbeitete Scheidung, Alkoholismus oder Konflikte am Arbeitsplatz. So etwas ist nicht einfach, und es ist keineswegs sicher, daß Ärzte mit ihrer stark medizinisch ausgerichteten Ausbildung dieser Aufgabe gewachsen sind. Zudem: Ärzte sind genauso Menschen wie du und ich. Sie haben bürokratischen Ärger, mürrische Tage, und vor allem bleiben sie von dem Schicksal ihrer Patienten nicht unberührt. Auch sie haben Grenzen der Belastbarkeit.

Eines aber sollte jeder Krebspatient wissen: Hat er einmal einen Arzt gefunden, dem er vertrauen kann, sollte er bei ihm bleiben und nicht ständig von einer

Behandlung zur anderen wechseln. Ein solcher Arzt wird gemeinsam mit dem Patienten Möglichkeiten finden, wie dieser besser umgehen kann mit den Belastungen, Ängsten, verschütteten Wünschen, Enttäuschungen, also mit allem, was ihn darüber hinaus krank macht. Hier bietet sich dieser Arzt als Führer und Begleiter an. Auf jeden Fall jedoch muß er dem Patienten die Entscheidung überlassen, ob er vor seinem Problem die Augen verschließen oder nach Lösungen suchen möchte. Will er die Krankheit lediglich mit Medikamenten bekämpfen, oder möchte er sie auch innerlich verarbeiten? Sieht er in der Krankheit einen Feind, den es zu vernichten gilt, oder einen Teil seiner Selbst, den er annehmen und mit dem er leben kann? Dies wäre ein idealer Arzt, der sich selbst kennt mit seinen Schwächen, seinen Stärken, seiner Angst, seinem Mut und auch seiner Ohnmacht und den Grenzen, die ihm gestellt sind. Ein solcher Mensch und Helfer wird den Kranken auch als Mensch erkennen, der bedrückt ist und sich bedroht fühlt.

Ärzte erwarten von ihren Patienten häufig bedingungsloses Jasagen zu ihrem therapeutischen Vorgehen und Zufriedenheit, Dankbarkeit und Anerkennung. Patienten hingegen erwarten oftmals etwas anderes von ihren Ärzten — die Linderung ihres Leidens etwa, was nicht immer mit Heilung gleichzusetzen ist, Achtung und Erhaltung ihrer Würde, Verständnis für ihre Angst. Es ist die Fähigkeit erforderlich, Informationen von den Kranken zu empfangen und selbst wiederum verständlich Information zu geben. Seelische Unterstützung leistet der Arzt also dann, wenn er geduldig auf immer wiederholende Fragen der Patienten eingeht und ihre Gefühle des Zorns, der Auflehnung und Niedergeschlagenheit respektiert. Das setzt aber auch voraus, daß er das Mißtrauen der Patienten nicht als persönliche Kränkung oder Infragestellung seiner ärztlichen Kompetenz ansieht.

Ärzte und andere medizinische Fachleute sind auch nur Menschen. Sie können nicht jeden Wunsch und jede Frage von den Augen ablesen oder vorausahnen. Die Verantwortung für die medizinische Versorgung liegt natürlich bei den Ärzten und dem Pflegepersonal. Aber es ist auch Aufgabe des Patienten, eine gute Beziehung zu seinen Betreuern aufzubauen und zu pflegen.

Wenn Sie zu einem Arzt kein Vertrauen haben, gehen Sie nicht zu ihm. Es gibt genug andere. Wenn Sie aber zu einem Arzt Vertrauen haben, dann ist das wertvoll, und Sie sollten bei ihm bleiben. Es gibt kein richtiges oder falsches Verhalten, denn jeder Arzt, der einmal den Hippokratischen Eid geleistet hat, wird Ihre Entscheidung respektieren und dankbar dafür sein, wenn Sie sich für ihn entschieden haben.

Wie sollten sich Krebskranke im Umgang mit Ärzten verhalten? Zögern Sie nicht, Fragen zu stellen, wenn nötig solange, bis Sie die entsprechenden Informationen hundertprozentig verstanden haben. Fragen Sie lieber noch einmal nach, als daß Sie zu Hause grübeln und keine Antwort auf Ihre Frage finden. Es ist Ihre Krankheit, und Sie wollen gesund werden. Da Sie nie wissen können, ob Sie bei dem nächsten Besuch, bei der nächsten Visite einen klaren Verstand haben, empfehle ich Ihnen, ein Notizbuch mitzunehmen, wo Sie Ihre Fragen notiert haben. Es kann möglich sein, daß Sie eine Frage vergessen haben, die Ihnen noch am Tag zuvor dringend auf der Seele brannte. Oder sie fällt Ihnen gerade dann wieder ein, wenn Sie auf dem Nachhauseweg sind oder der Arzt seinen Dienst beendet hat. Eine andere Möglichkeit besteht darin, sich von einer emotional nicht so betroffenen dritten Person begleiten zu lassen, denn vier Ohren hören mehr als nur zwei. Beschränken Sie sich aber auf Fragen, die Sie selbst wirklich beantwortet haben wollen, die Ihre Situation betreffen und die Sie nicht von irgendwelchen dritten oder vierten gehört haben. Stellen Sie klare Fragen wie z.B.: Was ist der Zweck dieser Untersuchung? Was nützt mir das? Lassen Sie sich den Ablauf vom Anfang bis zum Ende erklären. Fragen Sie, ob die Untersuchung ambulant oder stationär durchgeführt wird, ob es ein gesundheitliches Risiko gibt, ob die Prozedur lästig oder schmerzhaft ist. Fragen Sie nach eventuellen Nebenwirkungen. Sich selbst zu behaupten bedeutet nicht, andere vor den Kopf zu stoßen. Sagen Sie offen, aber ruhig und besonnen, Ihre Meinung. Wie alle anderen Menschen neigen auch Ärzte dazu, auf Vorwürfe oder einen barschen Tonfall mit Abwehr zu reagieren. Seien Sie hartnäckig. Sollte Ihr Gesprächspartner Ihrer Frage ausweichen, wiederholen Sie ruhig Ihre Einwände.

Denken Sie daran, daß Sie mit dem Arzt nicht verheiratet sind. Wenn Sie während der Zeit oder im Laufe der Behandlung das Bedürfnis verspüren, etwas zu ändern, dann tun Sie das auch. Allerdings sollte dieser Schritt reiflich überlegt werden. Seien Sie ehrlich mit sich selbst. Sind Sie wirklich mit der medizinischen Versorgung unzufrieden? Oder hoffen Sie nur, bei einem anderen Arzt eine ermutigendere Prognose zu hören? Wollen Sie also nur das hören, was Sie hören wollen? Oder möchten Sie wirklich die Wahrheit wissen?

Sie sollten keinen Arzt vergöttern. Wichtig ist einzig und allein, daß Sie Vertrauen in seine Fähigkeiten und sein Urteilsvermögen haben. Es gibt mehrere Möglichkeiten, weitere Meinungen zu erfragen. Sie können eine Zweitdiagnose auch von einem anderen Spezialisten einholen. Obwohl Ärzte dieses Ansinnen eigentlich nicht als Beleidigung betrachten sollten, ist es bei manchen leider der Fall. Sollten Sie dabei auf Widerstand oder auf Ablehnung stoßen, so könnte ein Arztwechsel angeraten sein.

Der Naturarzt Kneipp machte einige Therapieformen populär, die heute noch anerkannt sind. Er überzeugte andere Ärzte mit seinen Methoden, bei denen er Wärme, Kälte, Licht, Luft und Wasser einsetzte. Wir kennen das Wassertreten, das Wandern in der frischen Luft und die Wärmepackungen beispielsweise. Weniger bekannt ist seine Ordnungstherapie. Sie besagt, daß jede Handlung, die ich tue, für mich selbst Akzeptanz haben muß. Selbst wenn ich mich mit meinen Verwandten, Geschwistern oder Eltern beispielsweise gezankt habe, ist es gut so, wenn es für mich in Ordnung ist. Wenn es nicht in Ordnung ist, muß es geändert werden. Wenn ich mit meinem Arzt auskomme, ist es gut. Wenn ich aber wirklich der Meinung bin, daß es für mich persönlich nicht in Ordnung ist, muß dies geändert werden. Die Ordnungstherapie besagt, daß wir innerlich frei werden, wenn wir das tun, was für uns ganz allein in Ordnung ist. Nicht für meine Mitmenschen, nicht für meinen Arzt, nicht für meinen Nachbarn oder für meine Familie. Es muß für mich in Ordnung sein.

Krebs und Heldentum

Von unserer Krankheit haben wir vorher oft aus Film oder Fernsehen gehört. Dort werden Patienten überwiegend als Helden oder Heldinnen dargestellt, die sich tapfer der Krise ihres Lebens stellen. Ich habe jedoch immer wieder festgestellt, daß Menschen, die mit der lebensbedrohenden Krankheit zu kämpfen hatten, sich nicht derartig verhalten. Bei einer Gruppenreise fiel mir eine Frau auf, die einen wunderschönen Hut trug. Mein erster Gedanke war, daß sie Mut zum Auffallen hatte, denn jeder schaute sie an. Am nächsten Morgen sah ich eine Frau, die einen kahlen Kopf hatte. Sie hatte ihre Haare verloren. Und wiederum kam der gleiche Gedanke, daß diese Frau ebenso Mut hat. Nach einiger Zeit bemerkte ich, daß es die gleiche Frau war. Ich hatte sie nicht wiedererkannt. Sie hatte keine Haare mehr und besaß die Selbstverständlichkeit, sich uns so zu zeigen. Ich glaube nicht, daß sie angestarrt wurde. Und sie gehörte zur Gruppe genauso dazu wie jeder andere auch. Sie wurde nicht darauf angesprochen. Sie war da ohne Haare, und es hat uns nicht gestört.

Jeder weiß, daß nach einer Chemotherapie die Haare schnell wieder nachwachsen. Sie werden manchmal kräftiger, einen Ton heller oder dunkler, glatter oder lockiger als zuvor. Die Gesellschaft muß darauf aufmerksam gemacht werden, daß Krebskranke keine Aussätzigen sind, daß sie zu uns gehören, mit oder ohne Haare, und daß sie vielleicht ohne Haare manchmal sogar noch schöner sind. Nur gehört dazu Mut. Kein Krebskranker sollte auch nur daran denken, sich zu schämen. Zu der Heilung gehört das innere Jasagen. Das Jasagen auch zu einer Brustamputation, einem kahlen

Kopf, einem künstlichen Darmausgang oder dergleichen. Wir sollten es einfach als Tapferkeitsmedaille betrachten, wie einen Orden, den wir verdient haben. Denn welcher gesunde Mensch kann sich die Schmerzen, die Übelkeit, die ganzen Nebenwirkungen einer Chemotherapie, die Niedergeschlagenheit, ohne das Gefühl davonlaufen zu wollen, vorstellen? Kein gesunder Mitmensch sollte wegsehen, denn es könnte ihn als nächsten treffen.

Viele Fälle von Krebs können geheilt werden, wenn die Betroffenen rechtzeitig zum Arzt gehen. Doch hier liegt häufig ein Dilemma, wie auch viele Ärzte versichern. Eine Mehrzahl dieser Menschen sind ihr Leben lang problemlos mit ihrer Gesundheit umgegangen und haben aus kleinen Beschwerden nie ein großes Aufheben gemacht. Sie möchten keine Hypochonder sein. Deshalb meiden sie Ärzte sogar aus Prinzip, weil sie ihre relativ harmlosen Leiden in der Vergangenheit erfolgreich selbst behandelt haben. Das führt dazu, daß sie erst bei massiven Beschwerden den Arzt aufsuchen. Dann kann es häufig schon zu spät sein. Es fehlt ihnen eine gesunde Gefahrenangst.

Machmal fühlen sie sogar, daß mit ihrem Körper irgendetwas nicht stimmt. Doch solange sie keinen Arzt aufsuchen und keine ernsthafte Diagnose vorliegt, müssen sie sich damit nicht auseinandersetzen. Sie verdrängen ganz einfach. Was unangenehm werden könnte, wird weggeschoben. Der Knoten in der Brust sei nur eine Talgdrüse, redet sich der Kranke ein. So ist er in gewisser Weise mitverantwortlich für seine Krankheit. Denn jeder sollte eigentlich wissen, daß ein Patient, der seinen Arzt früh aufsucht, die besten Heilungschancen hat.

Krebs und das Geschäft mit der Hoffnungslosigkeit

Gibt es eine Krebs-Mafia? Scharlatane, die uns Hoffnung machen mit Medikamenten, die nichts nützen? Immer wieder hören wir von obskuren Wundermitteln, die angeblich sofort den Krebs heilen können. Oft handelt es sich dabei um harmlose Pillen ohne nennenswerte Wirkung. Mit Angst und Hoffnungslosigkeit läßt sich heutzutage immer noch ein gutes Geschäft machen. Die Krankheit Krebs setzt viele Millionen Mark um, die diese Menschen in ihrer Verzweiflung für Heiler und Medikamente ausgeben, von denen sie wissen, daß sie nichts nützen, die ihnen aber doch die Hoffnung lassen. Mit diesen Gefühlen wird Schindluder getrieben. Gutmeinende Freunde erzählen den verzweifelten Kranken dann von aussichtslos scheinenden Fällen, die durch diese und jene Behandlung geheilt wurden. Oder sie lesen davon in der Regenbogenpresse. Doch leider sagen Einzelfälle nichts über die Wirksamkeit einer bestimmten Behandlung aus. Eines ist jedoch sicher: Ein Wundermittel gegen Krebs existiert nicht. Bis eines gefunden wird, bleibt uns nichts anderes übrig, als die bisher bekannten Behandlungsmethoden schrittweise zu verbessern.

Es ist verständlich, daß Krebspatienten nach jedem Strohhalm greifen. Zahlreiche Zeitschriften nutzen dieses aus für ihre Auflagensteigerung. Da werden einzelne Heilungsfälle auf menschlich anrührende Weise geschildert. Aber sachliche Hintergrundinformationen sind oft Mangelware. Das Interesse an sensationellen Heilungserfolgen verdrängt die differenzierte wissenschaftliche Erörterung realistischer Möglichkeiten der Gesundung. Daß die Schulmedizin die angeblichen Wundermittel leicht als Schwindelpräparate entlarven kann, spielt da keine Rolle. Jeder Krebskranke sollte aber für sich das Mittel und die Behandlung suchen, welche ihm im Moment helfen und aus seiner Hoffnungslosigkeit herausholen.

Krebs – auch eine Chance

Wir alle kennen vielleicht die Situationen, in denen wir uns mit einem Problem herumschlagen, bis wir schließlich erkranken und uns diese Krankheit endlich einen Ausweg ermöglicht. Vielleicht hat jeder von uns schon einmal erfahren, daß eine Erkrankung geradezu notwendig war, um einen seelischen Durchbruch zu schaffen.

Krankheit kann auch als Schutzschild gegen Ausnutzung und Ausbeutung dienen, sei es in Familien, Betrieben oder Vereinen. Wir denken an die Jahresgrippe, die viele enttäuschte Arbeiter bekommen oder sich »nehmen«, die geradezu ein Akt des Zorns oder des Selbstschutzes sein kann. Viele Firmen haben auch erkannt, daß die Häufung von Krankheitsfällen weniger auf den schlechten Gesundheitszustand der Belegschaft als auf eine unbefriedigende Arbeitssituation und mangelnde Chancen der Selbstverwirklichung zurückgeführt werden können. Dennoch ist die Flucht in die Krankheit niemals eine optimale Lösung, weil sie stets mit Einschränkung, Verlust an Hoffnung und Zuversicht, zuweilen auch mit bleibenden Schäden verbunden ist. Aber selbst wenn jemand unentwegt daran denkt und sich vorstellt, wie er krank werden könnte, es sich geradezu einredet, bald zu erkranken, dann hat er eine gute

Voraussetzung dafür geschaffen, es tatsächlich zu werden. Umgekehrt kann die Überzeugung, die Gesundheit bewahren zu müssen, vermutlich viel dazu beitragen, daß jemand wirklich gesund bleibt. Gesundheit entsteht nicht allein aus Einzelhandlungen wie ausgewogen zu essen, genügend zu schlafen, wenig Alkohol zu trinken usw. Doch werden uns immer noch einzelne, konkrete Anweisungen gegeben, mit deren Hilfe wir angeblich unsere Gesundheit erhalten könnten. So sinnvoll solche Hinweise sein können: Sie führen uns nicht zu einem Lebensstil, der die Gesundheit dadurch stärkt, daß wir mit uns in Zufriedenheit leben.

Seit meiner Krebsoperation hat sich auch meine Einstellung zum Tod geändert. Ich möchte alt werden und mein Leben in vollen Zügen genießen. Viele Dinge sind für mich unwichtig geworden. Perfekt zu sein ist für mich unwichtig. Das Chaos, das ich früher für bedrohlich hielt, beginne ich zu genießen. Es stört mich nicht, wenn mein Schreibtisch vollgepackt oder mein Bett abends nicht gemacht ist. Alle Voraussetzungen, um gesund zu bleiben und mit Menschen zusammen zu sein, sind mir gegeben. Es ist bequem, die Eltern, die Gesellschaft oder den Ehemann verantwortlich zu machen für das eigene Unglück. Doch das führt zu nichts und macht unfrei für die Zeit, die noch bleibt. Ich kann weder meine Umgebung noch die Vergangenheit ändern, wohl aber mich und das Jetzt. Dazu habe ich die Macht und sogar die Pflicht. Die schwierigste Aufgabe des Menschen besteht wohl darin, »gut« mit sich umzugehen. Immer wieder sehe ich, daß problematische Beziehungen durch eine Krebserkrankung eher schlechter, gute Beziehungen eher intensiver werden. Die Krankheit wird oft als Anstoß genommen, um den Kern der Beziehung neu zu überdenken.

Heißt das, daß Krankheit eine Chance bietet? Nein, aber die Krankheit kann einen Weg weisen, das Leben als Chance zu begreifen. Bewußter und intensiver leben, mit und ohne Krankheit – das muß die Devise sein. Viele Patienten kehren nach einer Operation schnell zu ihrer früheren Normalität zurück und verpassen dadurch die Chance zur Wandlung, die die Krankheit bringen kann. Es wird dann sinnvoll, gesundheitliche Gewohnheiten zu ändern. Auch bringen Krebserkrankungen manche Betroffenen dazu, ihr bisheriges Leben ganz bewußt zu bejahen und ihre Ziele konsequent zu verfolgen.

Aus einer Krebserkrankung gestärkt hervorzugehen hat einen eigenen Sinn. Betroffene entdecken oft ein neues Selbstgefühl, sie leben ihre Wünsche und Bedürfnisse extremer aus als vorher. Wahre Freundschaften werden kostbarer, und die Schönwetterfreunde verlieren an Bedeutung. Neue, tiefere Freundschaften werden geschlossen. Gespräche werden bedeutsamer. Da der Gedanke an den Tod zu einem Bestandteil des Bewußtseins geworden ist, hat ihr Leben einen neuen Sinn bekommen, und ihre Ansprüche sind höher. Auf viele Dinge verzichten sie ganz. Sie brauchen sie einfach nicht mehr. Ein neues Gefühl der Lebendigkeit und der Zufriedenheit setzt ein. Sie leben nicht wie zuvor, sondern wie nie zuvor.

Jeder Krebspatient sollte sich das Recht nehmen, intensiver zu leben als vor seiner Krankheit. Er sollte immer daran denken, daß Krisen zum Leben gehören und er ein Recht darauf hat, diese Krisen zu durchleben, weil es seine Entwicklung fördert. Er sollte auch lernen, sich zu wehren – gegen schlechte Behandlungen, gegen Verletzungen, gegen die Überheblichkeit der Gesunden. Er sollte sich immer wieder sagen, daß er keines Menschen Sklave, Fußabtreter oder Wunscherfüller ist. Der Krebskranke sollte immer wissen: Es hat keiner das Recht, ihn zu verletzen oder zu demütigen. Er ist zu mehr fähig, als er selbst glaubt. Er ist nicht schlecht, schwach, unfähig, hilf- und mittellos. Er sollte vor allen Dingen lernen, nein zu sagen und auf Beziehungen zu verzichten, die nur Last sind und keine Lust bieten.

Fragen Sie sich selbst, was das Schlimmste ist, was Ihnen passieren kann. Da dies angesichts der Krankheit kaum sehr schlimm sein kann, wird Sie diese Erkenntnis frei machen. Suchen Sie sich Menschen, mit denen Sie reden können, denen Sie auch mal sagen können, daß es Ihnen dreckig geht und daß Sie momentan resignieren. Sprechen Sie offen aus, daß Sie Hilfe brauchen. Wenn Sie nur Menschen in Ihrer Umgebung haben, von denen Sie nicht ernstgenommen werden, mit denen Sie nicht über Ihre Krankheit reden können, die Ihnen nur gönnerhaft auf die Schulter klopfen wie einem Kind, dann suchen Sie sich andere Menschen. Wenn Sie merken, daß die Verzweiflung Sie überfällt, daß Sie nicht mehr ein noch aus wissen, dann versuchen Sie, aktiv zu werden. Tun Sie etwas, von dem Sie glauben, daß es Ihnen Spaß macht. Schreiben Sie einen Brief, oder gehen Sie ins Theater oder Kino. Wenn Sie Hilfe suchen, dann sollten Sie selbst andere Menschen aufsuchen und nicht warten, bis jemand zu Ihnen kommt. Sprechen Sie von Ihren Problemen. Ihr Gegenüber kann Ihr Leid nicht erahnen. Belasten Sie andere Leute ruhig mit Ihrem Schicksal, aber übernehmen Sie trotzdem die Verantwortung für sich selbst.

74

Teil 4:
Psychotherapie und Krebs

Gott gebe mir die Gelassenheit, Dinge hinzunehmen, die ich nicht ändern kann, den Mut, Dinge zu ändern, die ich ändern kann, und die Weisheit, das eine von dem anderen zu unterscheiden.

Aus dem Griechischen

Psyche und Krebs

Psyche und Krebs stehen zueinander in einer doppelten Beziehung: Einmal gesteht heute auch die Schulmedizin ein, daß psychische Faktoren bei der Entstehung von Krebs oft eine bedeutende Rolle spielen können. Zum anderen kann Psychotherapie bei Krebskranken eine stützende Funktion habe. Darum soll es in diesem Kapitel vor allem gehen.

Die Gebiete der Psychoneurologie (Lehre von den Zusammenhängen zwischen Seele und Nervensystem) und der Immunologie (Lehre von den Selbstschutzmechanismen des Körpers gegenüber Krankheiten) befassen sich neuerdings auch mit der Krebsforschung. Das belegt, was Ärzte, die sich der sogenannten Ganzheitsmedizin verschrieben haben, schon seit längerem wissen: Zwischen dem seelischen Zustand des Patienten und seiner Krankheit besteht eine Verbindung.

Nachdem Begriffe wie Seele und Persönlichkeit während der vergangenen Jahrzehnte nahezu vollständig aus der Krebsliteratur verschwunden sind, erleben sie heute eine Renaissance. Viel Geld und Energie wird in diesen Zweig der Forschung investiert, ebenso wie in die traditionelle Schulmedizin zur Krebsbekämpfung. Chirurgie, Radiologie und medikamentöse Therapien haben sich bemerkenswert weiterentwickelt und die Überlebenschancen deutlich verbessert – vor allem bei frühzeitiger Diagnose. Um auf die Psychoneurologie zurückzukommen: Sie hat herausgefunden, daß das Abwehrsystem allmählich schwächer wird bei Menschen, die sich ständig in einem Alarmzustand befinden. Dies ist ein Faktor, der das Krebsrisiko ansteigen läßt.

Die psychotherapeutische Behandlung bei Krebserkrankungen, die bis vor kurzem noch als wirkungslos abgelehnt wurde, zeigt immer mehr Erfolge bei der Linderung oder Genesung vom Krebs. Statistiken belegen, daß Krebskranke, die eine Psychotherapie machen, länger leben als Patienten ohne Therapie.

In einer Studie, die an der Ohio State University durchgeführt wurde, sollten 25 Patienten an vier aufeinanderfolgenden Tagen 20 Minuten lang über einen Zeitraum traumatische Erlebnisse niederschreiben. Eine Gruppe wurde einmal in der Woche psychologisch betreut und die andere nicht. Das Ergebnis nach zehnjähriger Beobachtung zeigte: Die psychotherapeutisch behandelten Frauen lebten doppelt so lange. Die wichtige Rolle der Psyche beim Heilungsprozeß darf deshalb von keinem Mediziner vernachlässigt werden. Oft können menschliche Wärme, Einfühlungsvermögen, Mitleid und Verstehen ebenso wirken wie Medikamente. In der onkologischen Praxis werden diese Erkenntnisse jedoch kaum verwirklicht.

Der große Vorteil einer Therapie besteht darin, daß der Kranke seine Angst zugeben und sich ihr stellen kann, anstatt sie einfach hinunterzuschlucken. Auch glaubt die Umwelt häufig, sie könne den Kranken dadurch schonen, indem das unangenehme Thema der Krankheit verdrängt wird. Dieses ist ganz besonders schädlich.

Wie die ursprüngliche Bedeutung des Wortes selbst sagt – Griechisch psyche = Seele, therapeuein = dienen, behandeln, heilen –, geht es um das Heilen von seelischen Leiden im Unterschied zum Heilen von organischen Krankheiten. Dabei werden gewisse über das Erleben wirkende Elemente als seelische Heilmittel eingesetzt. Der Facharzt wendet bestimmte therapeutische Methoden an. Selbst wenn es dem Hausarzt gelingt, dem Patienten Trost und Zuversicht zu vermitteln, hat das für den Heilungsprozeß eine große Bedeutung. Die »natürliche Psychotherapie« des Hausarztes versagt meistens dann, wenn es sich um unbewußte Konflikte handelt. Durch eine aufgedeckte Psychotherapie sucht nun der entsprechende Facharzt die unbewußten Hintergründe der seelischen Erkrankung bewußtzumachen. Entscheidend ist, daß sich der Patient in seinen Hoffnungen, Enttäuschungen, Wünschen, Sehnsüchten und Ängsten verstanden fühlt.

Es besteht leider die weitverbreitete Ansicht, daß mit Hilfe der Psychotherapie alle schwerwiegenden und psychosomatischen Störungen und Krankheiten geheilt werden können. Dies ist falsch. Die Psychotherapie kann selbst nicht heilen, aber den Weg dazu öffnen. Das setzt immer die Mitarbeit des Patienten voraus. Um zur näheren Veranschaulichung ein Bild zu benutzen: Der Psychotherapeut kann nur eine Leiter hinstellen, auf die der Patient allein klettern muß. Psychotherapie kann bei kranken Menschen eine sehr große Hilfe sein, den Weg zu finden, den sie gehen müssen, um zum Verständnis ihrer Verzweiflung und ihrer Ängste zu finden. Psychotherapie kann aber keinen Krebs verschwinden lassen oder gar einen Todgeweihten wieder heilen.

Das Wertvollste und Wichtigste, das die Therapie Betroffenen geben kann, ist Hoffnung auf ein weiteres sinnvolles Dasein. Daß sie fähig sind, zukünftige Krisen und Schwierigkeiten anzunehmen und damit fertig zu werden. Menschen, die ihre wirklichen Bedürfnisse annehmen, entwickeln während der Krebserkrankung ein ganz neues Lebensgefühl.

Doch um das zu erreichen, muß der Patient zuerst seine eingefahrenen Verhaltensmuster ändern. Das kommt häufig einer Sisyphusarbeit gleich. Wer war die mythologische Figur Sisyphus? Sisyphus mußte einen schweren Stein auf den Gipfel eines Berges stemmen. Kurz vor dem Gipfel konnte er den Stein nicht mehr halten, und dieser rollte mit Wucht ins Tal zurück. So machte sich Sisyphus erneut an die Arbeit. Und wieder passierte ihm dasselbe Mißgeschick. Ständig rollte er den Stein hoch, doch dieser rollte immer wieder hinunter. Je häufiger er es versuchte, desto mehr verkrampfte er sich, desto mutloser wurde er, und seine Mühe war aussichtslos.

Auch ich versuche immer wieder, meinen Patienten klarzumachen, daß sie sich entkrampfen müssen, damit sie nicht ständig die gleichen Dinge tun, um immer wieder enttäuscht zu werden. Oft sind es Menschen, die einen gedrückten Eindruck machen, die nie die Kontrolle über sich verlieren und deshalb nie wirklich entspannt sind. Immer wieder rollen sie wie Sisyphus in der Sage den Stein hoch, und immer wieder fällt er herunter. Sie erleben Phasen völliger Antriebsarmut, Zusammenbrüche, das Ende von Beziehungen, berufliche Niederschläge. Und sie mühen sich, aufzubauen und zusammenzuhalten, obwohl ihre Anstrengungen nicht von Erfolg gekrönt sind. Spontaneität ist nicht mehr möglich. Wenn solche Menschen Krebs bekommen – und häufig ist ihr psychisches Problem dafür mitverantwortlich –, dann sind sie oft des Kämpfens müde. Viele geben sich auf, weil sie immer wieder denken: »Ich schaffe es sowieso nicht.« Sie lassen sich dann völlig gehen, da alle Arbeit sinnlos scheint.

In der Krebskrankheit steckt Aggression gegen andere und gegen sich selbst. Die Erkrankten setzen sich selbst sehr unter Druck oder unterdrücken ihre eigenen Gedanken und Wünsche. Die Aggressionen, die sie sich rational verbieten, richten sich dann gegen ihren eigenen Körper. Statistiken über Brustkrebs belegen, daß die betroffenen Frauen ihre Wünsche nicht durchsetzen können aus Angst, die Liebe und Zuneigung wichtiger Bezugspersonen zu verlieren. Diese Frauen verlieren keine bösen Worte, schreien ihre Wut nicht heraus. Sie können Enttäuschungen und Unbehagen nicht offen zugeben, weil sie nicht verletzen oder kränken wollen. Sie leben in einer dauernden Spannung, weil sie harmoniesüchtig sind und immer um Liebe und Zuneigung kämpfen müssen. Sie haben einen hohen Anspruch an sich selbst. Sie passen sich an und setzen sich nicht zur Wehr. Das starke Bedürfnis, sich mitzuteilen, das natürlicherweise vorhanden ist, wird aus Angst unterdrückt, abgewiesen zu werden. Die Erkrankten passen sich uneingeschränkt an und überfordern sich ständig. Sie können ihre innere Spannung nicht nach außen tragen, so daß die Überspannung den Körper aus dem Gleichgewicht bringt.

Hier ist eine Therapie sehr hilfreich. Zuerst einmal muß dieser Patient seine Wut herauslassen. Er muß aggressiv werden, seine Aggressionen rauslassen. Oft hilft da die sogenannte paradoxe Psychologie. Der Therapeut macht den Patienten aggressiv, indem er einfach Dinge wiederholt, die die Selbstaggression hervorbringen. Der Therapeut muß diesen Patienten dahin bringen, daß er diese Mischung aus Feindseligkeit, Trauer und intensivem Mitleid in Reizbarkeit äußert. Der Patient kann weinen, er kann wütend werden, er kann seinen Zorn, seine Feindseligkeit auf den Therapeuten richten. Er kann alles anklagen. Er darf nur nicht in Resignation verfallen. Der Patient muß über sein Schicksal wütend werden, indem er denkt: »Warum gerade ich? Warum jetzt? Das ist nicht fair. Ich habe keinem etwas getan und bekomme Krebs.« Wenn ein Patient in meiner Praxis diese Krise erlebt, dann lasse ich das zu. Manchmal stachele ich ihn sogar an, damit er noch wütender wird. Mit einigen Patienten habe ich auch schon Spaziergänge gemacht. Es ist vorgekommen, daß sie draußen geschrien und Steine geworfen haben, indem sie sich den Krebs als Gespenst vorstellten, das getötet werden muß.

Diese Reaktionen sind für den Krebskranken wichtig, weil er sie zu Hause nicht erleben kann, denn er hat Angst vor der Ablehnung seiner Angehörigen. Doch auch die Familie muß lernen, damit umzugehen. Der Therapeut muß dem Patienten zu verstehen geben, daß er seine Verzweiflung mitempfindet und daß er in der Lage ist, seine Reizbarkeit und schlechte Laune auszuhalten. Eines darf der Therapeut nicht unterlassen: dem Patienten klarzumachen, daß ihm an ihm wirklich viel gelegen ist, daß er an ihn glaubt und daran, daß die Krankheit Krebs zu besiegen ist. Wenn der Patient davon nicht überzeugt ist, dann wird er auch nicht bereit sein, die Therapie weiterzuführen, die im Grunde eine Begegnung mit sich selbst ist und allein dazu da, seinen Lebenswillen zu mobilisieren.

Der Therapeut sollte jedoch nie dem Patienten taktlose oder persönliche Fragen stellen. Jeder Patient hat das Recht auf seine Intimsphäre. Ich sage jedem Patienten vor Beginn der Therapie, daß er das Recht habe, mir Antworten zu verweigern. Wenn er über ein bestimmtes Thema nicht sprechen will, so ist dies seine eigene Entscheidung. Es muß aber trotzdem eine ehrliche und offene Begegnung sein. Jeder Patient ist ein erwachsener Mensch und in keiner Weise abhängig von seinem Therapeuten. Ich habe viel von meinen Patienten gelernt. Und so bin ich auch dankbar, wenn sie sich nicht scheuen, mich auf meine eigenen Fehler hinzuweisen.

Bei dem ersten Gespräch frage ich eigentlich immer nach dem größten Wunsch. Wenn der Krebskranke dann nicht mit »Gesundheit« antwortet, handelt es sich oft um solche , die sich mit ihrem Tod bereits abgefunden haben und die Therapie nur als Alibifunktion — oft zur Beruhigung der Angehörigen — nutzen. Sollte der Therapeut dann Bedenken haben, sich mit diesem Patienten einzulassen, dann spürt es der Betroffene sehr schnell. Es entsteht eine Mauer, und die Voraussetzung für eine erfolgreiche Therapie ist nicht gegeben.

Dringlichste Aufgabe des Therapeuten ist es also, diese Mauer erst gar nicht entstehen zu lassen und ein Vertrauensverhältnis zum Patienten aufzubauen. Für die Therapie selbst, die einem Patienten gilt, der auf Leben und Tod kämpft, gibt es dann keine Lehrbücher. Das

Ziel, es kann nicht oft genug betont werden, muß das Erwachen eines neuen Lebenswillens sein: Ich will weiterleben. Ich genieße jeden Tag, jeden Monat, jedes Jahr. Eine unmittelbare und wertvolle Hilfe hierbei können ganz konkrete Wünsche sein: die eigenen Enkelkinder noch zu erleben oder den nächsten Geburtstag feiern zu wollen.

Es fällt uns immer wieder schwer, mit Krebskranken umzugehen. Ist es wirklich so schwierig, oder ist es nur unsere eigene Angst? Ich möchte Ihnen hier einige Punkte aufzählen, die für mich als Psychotherapeutin wichtig sind:

1. Im Mittelpunkt steht die Veränderung der Lebensqualität, auch wenn der Patient die Krankheit beseitigt wissen will.
2. Das Annehmen der Patienten, die Rücksichtnahme auf ihre Verletzbarkeit, nicht nur bei den Krebskranken selbst, sondern auch bei der Familie.
3. Es sollte herauskristallisiert werden, was im Leben des Patienten richtig gelaufen ist und nicht, was er falsch gemacht hat.
4. Die Ziele gemeinsam mit dem Patienten fördern, sie herausarbeiten und ihn begleiten, wenn er diese Ziele bisher nicht verfolgt hat.
5. Dem Patienten helfen, mit seinen Gefühlen wie Angst, Wut, Verzweiflung, Schuld und Scham besser umzugehen.
6. Herausfinden, wie der Patient denkt, seine Vorstellungskraft schulen, seine Phantasie wecken und ihm damit ein positives Lebensgefühl geben.
7. Die Widerstände des Patienten abbauen. Er soll lernen, anders mit Schuld, Verlust und Versagen umzugehen.

82

8. Entspannen lehren.
9. Den Zusammenhalt der Familien fördern und die Familie in den Heilungsprozeß miteinbeziehen.

Dem Kranken helfen, nach dem »Sinn« der Krankheit zu suchen: Dies ist die wesentliche Aufgabe, auch wenn es noch so schwierig ist. Bei dieser Form der Betreuung des Krebspatienten ist das Wort Betreuung wörtlich zu verstehen. Der Patient soll Treue erhalten, nämlich von permanenten Beeinträchtigungen seiner persönlichen, familiären, beruflichen und gesellschaftlichen Lebensumstände geschützt zu werden, so gut es jeweils möglich erscheint. Zu der Betreuung gehört auch, seine Widerspenstigkeit zu wecken. Diese Krankheit darf mich nicht umbringen, sollte ein ganz wichtiger Satz sein, den der Betroffene lernen muß. Was heißt das für die Psychotherapie? Zum Beispiel: Wenn das Pflegepersonal im Krankenhaus mit dem Verhalten des Patienten zufrieden ist, dann mache ich als Therapeut etwas falsch. Erst wenn sie sich über die schwierigen, ungehorsamen und widerspenstigen Patienten beklagen, habe ich Grund zur Zufriedenheit. Wenn Sie nicht länger alles brav mitmachen, wenn sie ärztliche Maßnahmen anzweifeln, Fieberkurven verschwinden lassen und mit den Schwestern herumdiskutieren, dann ist der Kampfgeist erwacht: Sie kämpfen jetzt um ihr Leben. Jeder Mensch existiert auf vielen Ebenen zugleich, von denen alle gleich wirklich und wichtig sind. Jeder Mensch ist einzigartig. Ein Behandlungsprogramm muß sich immer auf einen einzelnen, individuellen Menschen beziehen. Jeder Patient sollte an den Entscheidungen, die ihn betreffen, beteiligt sein. Jeder Mensch verfügt über besondere Selbstheilungskräfte. Die wichtigste Voraussetzung für eine erfolgreiche Behandlung ist die Bereitschaft des Patienten zum Kampf gegen den Krebs, zu neuem Lebenswillen und Lebensfreude. Die Diskriminierung und die Stigmatisierung aller Krebskranken muß aufhören. Mir fällt dazu eine Szene ein, die ich selbst erlebt habe und die das Problem treffend illustriert. Am Strand von Sylt geht eine brustamputierte Frau nackt und selbstbewußt spazieren. Die vorbeigehenden Männer und Frauen sind über diesen Anblick teils erschrocken und reagieren mit Betroffenheit und mit Abscheu; teils sind sie zornig und ärgerlich über soviel Schamlosigkeit.

In öffentlichen Schwimmbädern sah man in den fünfziger, sechziger und siebziger Jahren nicht selten schwer kriegsversehrte Männer mit den zum Teil häßlichen Amputationsstümpfen. Die Badbesucher empfanden diesen Anblick meist als selbstverständlich und quittierten ihn mit mitleidsvoller Bewunderung und spontaner Hilfsbereitschaft. Dieser Vergleich sollte uns zum Denken anregen.

Psychotherapie und Angst

Jeder Patient nimmt die eigene Angst unterschiedlich wahr. Es gibt jedoch keinen Patienten, der keine Angst hat. Einige erleben ihre Ängste ganz konkret: vor Arztterminen, bei der Chemotherapie, vor einem bestimmten Medikament. Es ist die Angst vor Dunkelheit und die Angst zu sterben, bevor die eigenen Kinder erwachsen sind. Diese Liste läßt sich weiter fortsetzen. Unglücklicherweise bekommen sie häufig die Antwort: »Du bildest es dir nur ein.« Dies ist keine Hilfe, denn Angst ist keine Einbildung. Sie ist ein reales Gefühl. In einer Therapie den Ausspruch zu benutzen, »Sie brauchen keine Angst zu haben«, müßte eigentlich Aggressionen hervorrufen. Selbstverständlich hat der Patient Angst. Allein das Wort Krebs macht schon angst.

Die Therapie kann aber gegen die Angst helfen. Die Erkrankten müssen sie herauslassen. Sie können nur mit der Angst fertig werden, wenn Tränen fließen, wenn sie sich trösten lassen und wieder lernen, zu glauben und zu vertrauen. Es darf nicht dazu führen, daß sie hilflos oder hyperaktiv werden und überall herumerzählen, wie durcheinander sie sind. Es bedeutet auch nicht, daß sie schlaff und müde werden und einfach nur abschalten. Es bedeutet aber, daß sie wirkliche Emotionen zeigen, wirkliche Trauer und wirkliche Not. Je besser sie weinen und sich trösten lassen können, desto schneller kommt ihr Körper und ihre Seele wieder in ein Gleichgewicht. Dieses verringert das Angstempfinden im Körper und den Druck, dem sie sich ausgesetzt fühlen.

Gerade dem Therapeuten gegenüber sollte keine Scheu vorhanden sein, die Angst zuzulassen, sie rauszuschreien und loslassen zu können. Mitleid mit sich selbst zu empfinden, sich nutzlos zu fühlen, überflüssig, aggressiv oder zornig. Zeigen Sie Ihrem Therapeuten Ihre innere Qual. Nur so wird er Sie verstehen können. Jedes Tier leckt nach der Verletzung seine Wunden, und dann geht es ihm besser. Wenn ein Mensch an seelischen Ängsten und Erschütterungen leidet, fühlt er sich hilflos und verwundbarer als in normalen Zeiten. Er ist dann besonders bedürftig nach Trost und Zuwendung. Er hungert geradezu danach.

Eine weitere Dimension der Angst zeigt sich, wenn die

Krebskranken wirklich begreifen, daß in ihrem Körper der Krebs wuchert. Es ist sehr schwer, damit umzugehen, denn am Anfang haben sie häufig nur wenig körperliche Beschwerden. Erst wenn die Behandlung wirklich beginnt, fühlen sie die Folgen der Krankheit. Dazu gehört die Operation, die Chemotherapie mit ihren Nebenwirkungen, die Bestrahlungen usw. Besonders der vollständige oder teilweise Verlust eines Organs oder Körperteils ist eine traumatische Erfahrung. Aber diese Angst ist konkret. Sie ist ein Gefühl ohne genaue Manifestierung und deshalb viel schwieriger zu behandeln.

Sobald der Patient über seine verdrängten Sorgen und Ängste spricht, kann er innerlich frei werden und dadurch Kraft gewinnen. Im Umgang mit Patienten müssen wir vor allem zuhören und nicht reden. Wir müssen spüren, wann der Patient äußerlich zufrieden scheint, innerlich aber verzweifelt ist. Wir müssen sein Unglück nachempfinden. Wir müssen ihn durch Fragen oder Zeichen zum Sprechen bringen. Viele sind in ihren Familien unglücklich, weil sie sich unterdrücken lassen, viele sind unglücklich, weil sie sich nicht wehren können, denn sie sind müde und krank. Körperliche und seelische Erschöpfung ist bei ihnen ein normaler, chronischer Zustand. In einer Psychotherapie müssen Verlusterlebnisse aufgearbeitet und als ein Teil des Lebens akzeptiert werden. Das Annehmenkönnen macht den Patienten innerlich frei. Er setzt sich mit der Verlustangst und seinen Stimmungen auseinander. Schuld darf nicht überbewertet werden. Was geschehen ist, läßt sich nicht ändern. Was sich jedoch ändern läßt, ist die Einstellung dazu.

Krebskranke mögen oft keine Auseinandersetzungen, und dies gilt es auch zu akzeptieren. Nur: Wenn Apathie entsteht als Ausdruck von Resignation, muß sie in einer Psychotherapie bekämpft werden. Der Patient muß wieder Freude am Leben bekommen. Zuhören ist das Wichtigste: Es darf nicht auf den Patienten eingeredet werden, was eigentlich immer nur aus Hilflosigkeit geschieht. Das Nicht-zuhören-Können ist häufig Ausdruck der eigenen Angst, daß etwas gesagt wird, was wir selbst nicht hören wollen. Zureden wird allgemein als Trösten, als Ermutigung verstanden. Nur muß der Zuhörer es auch so empfinden. Es darf niemals das Gefühl entstehen: Es redet jemand auf mich ein. Der Patient hört einen Wortschwall und fühlt die fehlende Bereitschaft, auf ihn einzugehen.

Eine Therapie kann nie gelingen, wenn der Therapeut den Kranken zum Schweigen bringt. Auch wenn das in manchen Fällen dem Erkrankten durchaus willkommen sein mag, weil er einer Auseinandersetzung ausweichen kann. Fatal können auch oberflächliche Beruhigungsversuche sein wie ein gutmütiges Schulterklopfen: Es wird schon wieder gut werden. Manchmal ist ein langes Schweigen auch hilfreich, obwohl es sehr schwer auszuhalten ist. Wir versuchen dann, das Schweigen aus einem Gefühl von Peinlichkeit heraus zu beenden. Lassen wir Patienten zu wenig Zeit, Vertrauen zu fassen, fühlen Sie sich wieder in die Isolation zurückgedrängt. Als Psychotherapeutin von heute sehe ich meine Aufgabe anders als noch zu Zeiten Sigmund Freuds. Meine Aufgabe besteht darin, den Krebskranken Hilfe und Orientierung zu geben und ihnen ein Begleiter zu sein. Ich kann ihm die Leiter aufstellen, auf die er allein hinaufklettern muß. Ich kann sie ihm festhalten, ich kann versuchen, ein Stück mit ihm zu gehen, nur den Gipfel muß er allein erklimmen. Der Patient bestimmt das Ziel, die Route und die Geschwindigkeit. Der Patient geht zum Therapeuten wegen seiner Krebskrankheit. Oft ist diese Krankheit aber nur Symptom einer tiefgehenden Krise, sozusagen die Spitze des Eisberges. Dieser Eisberg muß freigelegt werden. Denn Körper und Seele sind eng miteinander verknüpft, so daß von einer Erkrankung immer beide betroffen sind. Das Wichtigste im Kampf gegen die Erkrankung ist, daß wir Mut haben müssen. Mut ist eine Gabe, die man nicht geschenkt bekommt oder erzwingen kann. Sie muß allmählich wachsen.

Wichtig ist darüber hinaus die Einsicht, daß es kein Patentrezept gibt. Wie sagte Martin Luther: »Wat dem einen sin Uhl, ist dem andern sin Nachtigall.« Was Medizin für den einen sein kann, ist Gift für den anderen. Auch eine Psychotherapie ist nicht für jeden geeignet. Eine Patientin kam weinend und schluchzend zu mir. Sie sah entsetzlich aus. »Nun habe ich schon diese entsetzliche Krankheit, und jetzt soll ich auch noch zu einem Seelenklempner gehen. Mir bleibt aber auch gar nichts erspart«, waren ihre ersten Worte. Sie war 42 Jahre alt, voller Probleme und bereits brustamputiert. Im Krankenhaus hatte sie keinerlei seelische Unterstützung erfahren, denn in den wenigsten gibt es Psychologen oder Psychotherapeuten. Immer wieder hörte ich von ihr: »Ich weiß eigentlich gar nicht, was ich bei Ihnen soll. Mit meinen Problemen werde ich alleine fertig.« Bei solchen Patienten reichen wenige Therapiestunden nicht aus, um überhaupt den Anfang ihrer Probleme wahrzunehmen.

Manchen Menschen gelingt es nach einer Krebsoperation ohne große Probleme, sich gesund zu fühlen und ihre Krankheit als ein abgeschlossenes Ereignis zu betrachten. Wenn sie durch medizinische Kontrolluntersuchungen wieder ins Bewußtsein gerückt wird, berührt das diese Menschen nicht so sehr. Auch lehnen sie pauschal alle vorgeschlagenen sozialmedizinischen Leistungen ab, wie einen Schwerbehindertenausweis oder Kuren, weil sie sich gesund fühlen wollen. Ihre Ablehnung drückt sich ungefähr so aus: »Von Krankenhäusern habe ich jetzt genug, und das Wort Krebs kann ich nicht mehr hören. Schon gar nicht will ich mich mit Leidensgeschichten von anderen Krebskranken befassen.« Dies gilt es zu akzeptieren.

Der Großteil der Patienten empfindet die Situation jedoch anders. Sie haben den Eindruck, in ein Loch zu sinken, wenn die häufigen Termine für Behandlungen und Blutbildkontrollen wegfallen und das eigentlich herbeigesehnte normale Leben wieder anfängt. Sie können gar nicht glauben, daß sie die Krankheit besiegt haben. Viele beginnen mit sich zu feilschen: Wenn ich in den nächsten drei Jahren nicht wieder krank werde und meine Kontrolluntersuchungen in Ordnung sind, dann traue ich mir wieder etwas zu und mache Pläne.

Ein Leben wie zuvor erweist sich oft als unmöglich, oder es wird in Frage gestellt, wenn harmlose Veränderungen oder Beschwerden auftreten. Es wird jederzeit ein Krankheitsrückfall befürchtet.

Oft beginnt gerade dann, wenn der Patient offensichtlich geheilt ist, die Auseinandersetzung mit der Krankheit. Nachdem die anfängliche Angst, an der Krankheit zu sterben, in den Hintergrund tritt, richtet sich das Augenmerk auf die Therapie. Häufig wird die Krankheit als Kränkung empfunden. Eine Krebserkrankung führt fast immer zu einem veränderten Selbstbild des eigenen Körpers, selbst wenn dieser sich nicht verändert hat. Frauen, die durch Behandlung vorzeitig in die Menopause geraten, erleben einen schmerzlichen Einschnitt und zweifeln an ihrer Weiblichkeit. Wechseljahrsbeschwerden können dann die depressiven Reaktionen verstärken, und ein wichtiger Lebensabschnitt, der sonst Jahre später eintreten würde, kommt jetzt mit aller Wucht auf sie zu.

Diese Patientinnen fühlen sich nicht gesund, auch wenn Ärzte und Bezugspersonen immer wieder betonen, daß alles normal sei. Auf der anderen Seite kann die Situation auftreten, daß nach einigen Jahren, wenn Krebspatienten in die Praxis eines Arztes kommen und wirklich nur Grippe oder Kopfschmerzen haben, der Arzt von einem Rückfall ausgeht. So wird der eigentlich Gesunde sofort wieder mit seiner überwundenen Krankheit konfrontiert. Die Bezugspersonen von krebskranken Menschen schätzen genau wie viele Ärzte das Ereignis Krebs fast immer anders ein als der Patient selbst.

Psychotherapie und das Verarbeiten der Krankheit

»Wenn ich diese Klinik verlasse, möchte ich mein Leben in vollen Zügen genießen. Ich möchte einen Beruf ergreifen, der mir bedingungslos gefällt, so daß ich bereit bin, alles zu geben, was in mir steckt. Außerdem möchte ich reisen und fremde Länder sehen, nach New York fliegen und über die Fifth Avenue bummeln, in die Metropolitan Oper gehen, auf dem Empire State Building ein Eis lutschen ... nach San Francisco möchte ich fahren und auf die Golden Gate Bridge hinabsehen, in eine Diskothek gehen und die ganze Nacht tanzen, Champagner trinken und erst beim Morgengrauen heimgehen ... und in

Acapulco möchte ich im warmen Sand liegen, die Brise des Pazifiks auf meiner Haut spüren, baden, den Felsenspringern zusehen … und einen schwarzen Nerzmantel möchte ich mir kaufen, einen Pelz, der im Sonnenlicht bläulich schimmert und der so weit geschnitten ist, daß man nicht sehen kann, wie dünn ich bin. Fremde Menschen möchte ich kennenlernen, mit Männern schlafen und vielleicht auch mal mit einer Frau, ich möchte sexuell einfach alles kennenlernen, was es gibt und was schön ist. Vor allem möchte ich aber eines Tages dem Mann begegnen, an dessen Seite ich alt werden will. Ihn möchte ich lieben und von ihm möchte ich geliebt werden, ihn möchte ich heiraten und mit ihm möchte ich Kinder haben, am liebsten vier Söhne. Einen Alexander, einen Maximilian, einen Konstantin und einen Dominik. In dieser Familie möchte ich die Liebe erleben, eine Liebe, die weder Gewohnheit noch Gleichgültigkeit ist, sondern ein allseitiges Geben und Nehmen, ohne Erwartungen und ohne banges Zittern vor dem Verlust.«

(»Zwei Frauen« von Diana Beate Hellmann)

Wer versteht nicht diese Wünsche, die die Frau hatte, nachdem sie zwei Jahre im Krankenhaus gewesen war und als geheilt entlassen wurde? Jeder wohl von uns, der einmal an Krebs erkrankt war.

Ein Geheilter sollte sich einige Fragen stellen. Was bedeutet diese Krankheit für mich? Worüber fällt mir das Sprechen schwer? Was hat sich durch meine Krankheit verändert? Was hat sich für mich verändert? Welche Veränderungen habe ich begrüßt und welche abgelehnt? Kann ich jetzt diese Veränderungen herbeiführen? Auf wen konnte ich zählen? Und auf wen kann ich jetzt zählen, wenn ich Hilfe brauche? Wie empfinde ich das Leben?

Wir sollten aber wissen, daß die Zeit nie alle Wunden heilt und daß es auch bei einer psychischen Bewältigung der Krebskrankheit sogenannte Wundheilstörungen gibt.

Was zeichnet nun einen gesunden Menschen aus? Es gibt Menschen, die trotz Streß und schlechtem Lebenswandel lange leben. Sie schauen in die Zukunft, haben Freude am Leben, können Ungewißheiten aushalten und sehen Veränderungen nicht als Bedrohung, sondern als Herausforderung an. Sie halten nicht an starren Gewohnheiten fest und probieren auch mal etwas Neues. Sie fühlen sich nicht dem Leben ausgeliefert, sondern treffen eigene Entscheidungen, achten auf ihr Wohlergehen und verfügen über tragfähige soziale Bindungen. Nicht nur überleben wollen, sondern im Leben sein, ist die Devise. Die Krankheit Krebs wird als ein Ergebnis und nicht als das Ereignis des Lebens angesehen.

Ich selbst sehe meine Reaktion auf meine eigene Krebserkrankung als Leistung an, und zwar deshalb, weil ich Operationen, Krankenhäuser und Chemotherapie bewältigt habe. Somit werde ich auch alles weitere schaffen, das noch auf mich zukommt. Ich habe mich nicht unterkriegen lassen durch die körperlichen und seelischen Belastungen, was mich für mein zukünftiges Leben gestärkt hat. Immer wieder sage ich Patienten, daß sie ihr Leben leben sollen und nicht ihre Krankheit. Es gibt allerdings auch Menschen, die bezeichnen sich noch 10 Jahre nach einer erfolgreichen Krebsbehandlung als krebskrank. Andere wiederum sehen sich nach einer erfolgreichen Krebsoperation nicht mehr als krank an, sondern fühlen sich den Gesunden wieder zugehörig.

Wenn sie dann die Chemotherapie überstanden haben, führen sie ein normales, gesundes Leben. Der Gedanke könnte in etwa so lauten: »Ja, ich war krebskrank, aber der Knoten ist vollständig entfernt. Diese Behandlung gibt mir eigentlich nur noch Sicherheit.« Die meisten Krebserkrankten bewegen sich zwischen diesen beiden Polen, denen des Krankseins und Gesundwerdens, der Vergangenheit und der Gegenwart. Wir müssen den Mut haben, unsere Angst und Unsicherheit zuzulassen. Auch wenn wir uns noch krebskrank fühlen oder die Krankheit tatsächlich noch nicht überwunden ist, sind wir Menschen mit einem lebenswerten Dasein.

Der große Vorteil einer Psychotherapie ist, daß sie dem Krebskranken Schutz bietet: Schutz vor Selbstanklagen und Schuldsuche. Schutz vor den seelischen und den körperlichen Schmerzen. Schutz vor Hoffnungslosigkeit. Schutz, seine Aggression und Wut herauslassen zu können und dabei kein schlechtes Gewissen zu empfinden. Schutz vor der Umwelt. Der Therapie muß es gelingen, eine schützende Hülle um den Menschen und seine Seele zu bauen. Es muß zu einer vollständigen Selbstannahme des Menschen kommen – so wie er ist, mit all seinen Zweifeln, mit all seinen Nöten, mit all seinen Ängsten muß er sich akzeptieren lernen. Vielen Krebspatienten fällt dies relativ leicht. Auch für den Therapeuten hat es eine befreiende Wirkung. Er fühlt sich gebraucht und bestätigt, wenn der Patient Aggression und Zorn herausläßt, denn er weiß, daß sich die Wut nicht gegen ihn richtet und daß die Therapie fruchtet. Indem der Therapeut sie aufnimmt, ist er nicht mehr neutral, sondern er leidet mit ihnen. Dafür schenken sie ihm ihr Vertrauen.

Diese Patienten geben dem Therapeuten Kraft, die er

ihnen wieder zurückgeben kann. Wichtig ist, daß die Erkrankten ihre Passivität ablegen und ihre Zukunft wieder selbst in die Hand nehmen wollen. Ich als Therapeutin muß Krebskranken Anregungen geben. Zuerst muß ich sie dahin führen, sich selbst wichtig zu nehmen. Ihre selbstlose Einstellung für andere zu verringern und sich nicht zu verkriechen. Der Krebskranke muß lernen, von Gedanken, Befürchtungen und Hoffnungen zu sprechen. Er wird dann allein schon durch das Sprechen erleichtert sein. Vor allen Dingen: Krebskranke müssen fordern lernen. Sie haben es nicht nötig, alles passiv über sich ergehen zu lassen. Der Erkrankte braucht Ermutigung zum Anpacken. Er muß begreifen, daß seine Identität nicht allein in seiner Krankheit besteht. Dann wird er fähig sein, aus seiner Krise etwas Produktives zu machen.

Die Kluft zwischen Psychotherapeut und Arzt ist groß, obwohl ihre Mission eigentlich identisch ist: Krankheiten zu heilen, Leben zu erhalten. Der Psychologe sieht den Patienten nur als Mensch und kennt seine kleinen und großen seelischen Nöte – seine Ängste und seine Hoffnungen. Statistiken gehen davon aus, daß bis zu 50 Prozent der Krankheiten psychosomatisch bedingt sind. Eine Psychotherapie ist jedoch immer dann aussichtslos, wenn der Patient keinen Leidensdruck empfindet und wenn er nicht motiviert ist, mitzuarbeiten und sein Leben selbstverantwortlich in die Hand zu nehmen.

Im günstigsten Fall kann eine Psychotherapie zur Heilung der Krebskrankheit beitragen. Der Therapeut sollte sich jedoch hüten, falsche Hoffnungen zu wecken. Die Therapie soll Patienten auf die Entfaltung und Befreiung des Selbst richten. Der Therapeut sollte den Mut zur Wahrheit haben: dem Patienten die Gewißheit geben, daß beide ihr Bestes tun müssen, und ihn fühlen lassen, das Leben als etwas zu betrachten, um das es sich zu kämpfen lohnt – je härter, um so höher die Chancen. Aber kein Therapeut kann Heilung garantieren. Und das wird auch kein realistischer Patient erwarten. Er braucht Zuneigung und Hilfe. Aus meiner Erfahrung ist schon allein die Tatsache, daß ich ihm Interesse und Zuneigung entgegenbringe, von großem Wert.

Eine erfolgreiche Psychotherapie richtet sich immer auf die Zukunft. Der Therapeut arbeitet mit dem Patienten darauf hin, dessen Lebenstüchtigkeit und mitmenschliche Beziehungen zu verbessern. Dies richtet sich nicht auf den Augenblick, sondern auf die Zukunft. Allerdings: Für einen sehr kranken Patienten kommen solche Ziele meist nicht mehr in Betracht. Wer Krebs im fortgeschrittenen Stadium hat, fühlt sich häufig allein und betrachtet seine Umgebung als feindlich und lieblos. Hier muß der Therapeut durch sein ehrliches Interesse und dadurch, daß er dem Betroffenen menschlich zugetan ist, wieder das Gefühl geben, daß sein Leben einen Sinn hat. Der Therapeut kann nur Krückstock sein, Rettung darf er nicht versprechen.

Wenn der Kontakt zu sich selbst wieder hergestellt ist, stellt sich auch das Gefühl der Zugehörigkeit zu den Mitmenschen wieder ein. Im Umgang mit Patienten müssen wir vor allem zuhören und nicht reden. Viele Patienten können sich nicht wehren, lassen sich unterdrücken und sind dadurch unglücklich. Sie haben verlernt, Gesundheit überhaupt zu spüren. Erschöpfung und Angst ist bei ihnen ein gewohnter chronischer Zustand. In einer Psychotherapie müssen gehäufte Verlusterlebnisse verarbeitet und als Teil des Lebens akzeptiert werden. Das Annehmenkönnen gehört zum Erwachsenwerden und macht den Patienten innerlich frei. Er findet Kraft, sich mit den momentanen Stimmungen auseinanderzusetzen.

Es muß ihm in einer Gesprächstherapie klargemacht werden, daß sich nicht ändern läßt, was geschehen ist. Was sich jedoch ändern läßt, ist die Einstellung zum Geschehenen. Annehmen bedeutet, vor der Realität nicht die Augen zu verschließen oder sie zu verleugnen. Also ja sagen zu der Krankheit. Annehmen bedeutet Akzeptanz, aber nicht Verzweiflung, auch wenn es noch so wehtut. Wir müssen die Einstellung haben: Es ist geschehen, und ich finde mich damit ab. Ich füge mich. Ich akzeptiere es und nehme es an. Ich kann es nicht mit meinem Willen und mit meiner Kraft beeinflussen, ich kann es nicht mehr ändern. Wir werden dadurch freier und können angemessener handeln. Wir verbrauchen unsere Energie nicht mehr im Dagegen-Ankämpfen. Wir können uns dann dem neuen Leben, der Zukunft öffnen. Unsere Fehler, Schwächen oder die Krankheit anzunehmen bedeutet nicht, daß wir passiv oder selbstzufrieden werden oder uns vernachlässigen. Das Gegenteil ist der Fall.

Erst wenn wir die Krankheit wirklich akzeptieren, können wir für unseren kranken Körper angemessen sorgen. Auch gehört in jeder Psychotherapie zum Annehmen das Loslassen. Aber was bedeutet loslassen? Es meint, unsere Wünsche und Erwartungen zu ändern. Wir müssen einsehen, daß das Erreichen bestimmter Ziele einfach nicht realistisch ist. Wir müssen akzeptieren, daß wir einige Dinge nicht mehr besitzen können. Gesundheit, einen neuen Partner oder neue Besitztümer. Manche Erkrankten können ihre bisherige Gesundheit schnell loslassen. Sie können akzeptieren, daß sie nicht mehr so vollwertig sind, wie sie es früher waren. Sie akzeptieren den Verlust einer Brust oder einen künstlichen Darmausgang. Genauso wie manche Partner nach dem Ende einer Beziehung schnell loslassen können. Bei vielen jedoch geschieht das Loslassen nur allmählich, und das kann sehr schmerzhaft sein.

Doch wir müssen einsehen, daß Loslassen zum Leben gehört. Wir müssen die Kinder loslassen, wenn sie älter werden, wir müssen einen Teil unserer Gesundheit loslassen. Wir müssen unsere Eltern loslassen, wenn sie sterben. Von vielen Wünschen und Zielen in unserem Alltag, die wir gerne erreicht hätten, müssen wir uns verabschieden. Schönheit, Vitalität, Jugendlichkeit – dies müssen wir loslassen. Doch dieser Abschied ist nicht gleichzusetzen mit passivem Resignieren, Gleichgültigkeit oder Verdrängung. Das Loslassen von Schönheit und Alter bedeutet nicht, daß wir den Körper verachten oder gar geringschätzen.

Aus diesem Prozeß der Trennung können wir viel lernen. Wenn wir die Krankheit loslassen, merken wir bald, daß sie uns Unfreiheit gebracht und uns eingeengt hat. Wenn wir uns mit unseren Wünschen und Zielen auseinandersetzen, können wir auch einsehen, daß wir viele Dinge gar nicht brauchen. Wir lassen viele Dinge los, die uns vor der Krankheit wichtig waren, jetzt aber völlig unwichtig sind. Wenn wir uns einmal mit der Krebskrankheit auseinandergesetzt haben, merken wir, daß eigentlich alles nur geliehen ist. Mein Körper ist nicht mein Eigentum, meine Kinder gehören mir ebensowenig wie mein Haus und mein übriger Besitz. Ich werde alles mal abgeben müssen. Wenn wir einige Dinge loslassen, die wir nicht mehr brauchen, an denen unser Herz nicht wirklich hängt, können wir freier leben.

Ganz wichtig in einer Therapie ist auch, daß Krebspatienten sich von Grübeleien und Selbstgesprächen befreien. Sie wirken sich destruktiv aus, denn sie zerstören die Seele. Jeder von uns weiß, wie schwierig es ist, mit bedrohlichen Situationen umzugehen: dazu gehören Prüfungsängste ebenso wie die Furcht vor einer unangenehmen Diagnose. Wir nehmen die negativen Gedanken mit in den Schlaf, beschäftigen uns lange vor dem Einschlafen damit, und falls wir überhaut schlafen können, sinken wir nicht in die Tiefschlafphase. Wir wachen ständig wieder auf, und die negativen Gedanken lassen uns keine Ruhe.

Auch tagsüber fragen wir uns immer wieder, ob wir unseren Anforderungen gewachsen sind. Es ist unmöglich, einen Gedanken zu Ende zu bringen. Oder es kommt zu einem dumpfen Brüten, das meist sinnlose Gedanken zum Inhalt hat. Wir drehen uns im Kreis mit unserem Denken. Unsere Gedankenfetzen haben kein Ende, sind oft völlig zusammenhanglos. Wenn wir grübeln, stellen wir uns immer voran und malen uns aus, was an Schwierigkeiten auf uns zukommt. Grübeln ist Zweifeln an uns selber. Wir lenken unsere ganze Aufmerksamkeit ganz auf unsere Person mit ihren Ängsten, Fehlern und Schwächen. Automatisch entsteht das Gefühl: keiner liebt mich, ich habe versagt, ich werde nicht akzeptiert, ich bin unfähig. Auch kommt es zu Haßgefühlen auf Personen, die uns verletzt haben. Wir steigern uns in die Befürchtungen hinein. Die Ereignisse werden überbewertet. So wird die Realität verzerrt wahrgenommen und eingeschätzt. Wir finden keine Wege aus den Schwierigkeiten.

Häufig bekommen Menschen dann Schmerzen, ohne daß sie wirklich krank sind. Negative Selbstgespräche haben meist den Tenor: Ich habe nie Glück. Mir geht es schlecht. Ich bin ein Versager. Ich kann das alles nicht. Mir gelingt auch gar nichts. Und somit verfestigen sich diese ungünstigen Bilder und Gedanken von uns selbst. Wir halten dieses für Realität. Einige Patienten können das Grübeln nicht abstellen und bekommen das Gefühl, verrückt zu werden oder etwas Unkontrolliertes zu tun. Das Grübeln beeinträchtigt dann unsere ganze Arbeit und unser Denken. Wir sind mit unserer Aufmerksamkeit nicht voll bei der Sache, sondern geistesabwesend, brütend und immer nur mit denselben quälenden Gedanken befaßt. So machen wir mehr Fehler.

Das führt zwangsläufig zu mehr Streß. Bücher können nicht gelesen, nicht aufgenommen werden. Gespräche werden nicht registriert. Und alles, was um einen herum vorgeht, wird nicht wahrgenommen. Alle Kraft, die diese Menschen haben, wird von ihrer negativen Verfassung aufgesogen. Diese Patienten sind in ihrem seelischen Gesundheitszustand beeinträchtigt und depressiv. Somit schließt sich der Kreis. Fühlen wir uns seelisch beeinträchtigt, neigen wir zum Grübeln, grübeln wir, vermehrt sich die seelische Beeinträchtigung. Negativ wie Grübeln und Selbstzerfleischung ist ebenso die Freudlosigkeit und die Traurigkeit.

Es kommt zur Traurigkeit mit all ihren Schattierungen wie Niedergeschlagenheit, Bedrücktheit, stillem Vor-sich-Hinweinen, Verzweiflung und Angst. Es ist eine abgrundtiefe Trostlosigkeit vorhanden, die jeden tröstenden Zuspruch zum Scheitern verurteilt. Dazu kommt Freudlosigkeit in vielerlei Ausdrucksformen. Patienten sind unfähig, sich zu freuen oder etwas zu genießen. Es ist also aussichtslos, solche Patienten aufzumuntern oder ihnen eine Freude bereiten zu wollen. Die

Frage, ob sie sich auf irgendetwas freuen können, wird eigentlich immer verneint. Hoffnungslosigkeit, Freudlosigkeit, Lustlosigkeit, Mutlosigkeit, Entschlußlosigkeit. Eine lange Liste von Begriffen, die alle die gleiche Endung haben. Es ist das Losigkeitssyndrom. Ein Verlustsyndrom, bei dem am schwersten der Verlust der Hoffnung wiegt – der unverzichtbaren Hoffnung, die uns sonst in schwerer Krankheit und in aussichtsloser Lage immer noch Halt geben kann.

Die Gesprächsführung in der Psychotherapie

Einst hatte sich einer im tiefen Wald verirrt. Nach einer Zeit verirrte sich ein zweiter und traf den ersten. Ohne zu wissen, wie es dem ergangen war, fragte er ihn, auf welchem Weg man hinausgelange. »Den weiß ich nicht«, antwortete er erste, »aber ich kann dir die Wege zeigen, die nur noch tiefer ins Dickicht führen, und dann laß uns gemeinsam nach dem Weg suchen.«

Martin Buber

Menschen, die an Krebs erkrankt sind, verunsichern ihre Mitmenschen mehr als die, die an Herzinfarkt oder an sonstigen Krankheiten erkrankt sind. Oft schwanken die Reaktionen zwischen Mitleid und Rückzug. Krebskranke können kaum abschätzen, was die Krankheit in ihren Mitmenschen und in ihrer Umgebung auslöst. Es gibt oft Gesprächsblockaden.

Normalerweise beginnen wir ein Gespräch mit einem sogenannten Small talk oder einer Konversation. Es wird über das Wetter, den Urlaub oder die Kinder geredet, möglicherweise über Essen und die eigenen kleinen Zipperlein. Bei einer Krebserkrankung ändert sich zumindest am Anfang eines Gespräches die Normalsituation, und wir befinden uns in einem Ausnahmezustand. Jeder Satz, jedes Wort wird anders bewertet. Aber wiederum gibt es Unterschiede, weil der Patient gar keinen Ausnahmezustand haben möchte, sondern einfach normal behandelt werden will. Das macht es uns so schwer.

Als Krebskranker müssen wir davon ausgehen, daß Angehörige und Freunde durch die Krebserkrankung verunsichert sind. Der Krebskranke sollte selbst entscheiden, ob er über dieses Thema reden will oder nicht. Der Betroffene sollte versuchen, das Gespräch zu steuern. Wünsche auszusprechen und das Thema anzuschneiden, was für ihn im Augenblick wichtig ist. Auch gibt es in Gesprächen ein Schweigen, das etwas unter den Tisch kehren möchte, ein peinliches Schweigen, ein müdes Schweigen, ein Schweigen, das gern durch Reden übertönt wird, ein aufmerksames Schweigen tiefer Verbundenheit, die im Moment keiner Worte bedarf. Sprache soll mitteilen, verstehen helfen und benennen. Sie soll Grenzen setzen und Klarheit schaffen. Sie soll erklären und klären. Reden ohne Zielsetzung wird leicht ein Zerreden. Viel reden ist manchmal nichtssagend, und Nichtreden kann sehr viel sagen. Oft sagt ein Handgeben, ein Handauflegen, ein In-den-Arm-nehmen, ein Auf-die-Schulter-Klopfen, ein gemeinsames Weinen mehr als Dialoge von Stunden. Bemerkungen bei Krebskranken wie etwa: »Das hat jeder mal«, oder: »Daran denkt man nicht«, würgen ein Gespräch ab. Der Kranke fühlt sich alleingelassen, unverstanden und manchmal auch veralbert.

Immer wieder höre ich von Krankenschwestern, Angehörigen und Freunden: »Ich kann mich mit ihm nicht unterhalten. Er blockt ab. Ich komme nicht an ihn heran. Das Problem ist fast immer dasselbe: Die Umwelt sieht zuerst die Krankheit und nicht den Menschen. Das spürt der Patient auch. Die Krankheit darf aber nicht im Vordergrund stehen, sondern es muß der Mensch sein. Wichtig ist, sich in den Kranken hineinzufühlen, sich ihm innerlich zuzuwenden. Den Menschen so nehmen, wie er wirklich ist und nicht, wie wir ihn haben wollen. Und ihm seine Würde lassen. Jeder Mensch ist anders. Und wenn es sein muß, ändere ich mich, aber nicht der Patient. Ich kann nicht erwarten, daß der kranke Mensch, mein Gegenüber, mein Partner sich umstellt. Kranke haben nicht die Kraft dazu, aber wir Gesunden können es. Der Weg zum Gespräch mit einem andern führt über die eigene Person, über mein eigenes Ich. Sich selbst akzeptieren zu lernen, um andere zu akzeptieren, sich selbst verstehen zu lernen, um andere zu verstehen, sich selbst gegenüber ehrlich zu sein, um anderen ehrlich gegenübertreten zu können – das sollte einer der wichtigsten Ziele im Verhalten sein.

Stellen wir uns eine Krebspatientin vor, die über ihre Krankheit zwar reden will, aber nicht weiß, wie sie anfangen soll. Auf einer ersten Ebene teilt sie uns objektive Informationen mit. Sie spricht über ihre Kinder und über ihren Mann. Auf der nächsten Ebene kommt sie auf die Probleme ihrer Kinder und vor allen Dingen auf ihren Sohn zu sprechen. Er sei ein Einzelgänger, und sie mache sich Sorgen, die ihr den Schlaf rauben. Auf der nächsten Ebene sagt sie ganz klar, daß sie mit ihm Probleme habe, unter denen sie leidet. Sie sucht die Schuld bei ihrem Sohn, denn dieser habe sich von ihr distanziert. Und schließlich, damit erreichen wir eine weitere Ebene, drückt sie ihre eigene Befindlichkeit, ihre Verlassenheitsgefühle aus, die sie durch die augenblickliche Situation ihrer Krankheit unerträglich findet. Erst wenn der Patient das ausdrückt, was ihm selbst Sorgen bereitet, seine Ängste im Hier und Jetzt mitteilt, ist das Ziel einer Gesprächstherapie erreicht. Die anderen Ebenen waren da nur eine Vorstufe.

Es läßt sich ganz leicht vorstellen, was geschehen wäre, wenn wir etwa auf der ersten oder zweiten Ebene verallgemeinert oder den Versuch gestartet hätten, sie zu beruhigen, z. B. mit so lapidaren Antworten wie: »Nicht jede Ehe ist glücklich«, »Solche Sorgen bleiben uns allen nicht erspart« oder »Sie dürfen Ihrem Sohn keine Vorwürfe machen«.

Das Gespräch wäre auf der Stelle ins Stocken geraten und hätte die dritte Ebene nicht erreicht. Dann wäre die Patientin nicht zu dem gekommen, was sie in die akute Krise gestürzt hat. Ein sinnvolles Gespräch hätte sich nicht entwickelt. Wir müssen darauf warten, daß der Kranke von sich aus diese Themen anschneidet.

Die Möglichkeiten, ein Gespräch zu führen, sind vielfältig. Für den Gesprächsverlauf entscheidet, ob zwischen den beiden Gesprächsführenden ein Kontakt hergestellt wird oder nicht. Sie müssen akzeptieren, daß das Gegenüber anders denkt als sie selbst. Wir glauben immer, die Angst des anderen beschwichtigen zu müssen. In Wirklichkeit versuchen wir häufig, unsere eigenen Angstgefühle zu unterdrücken. Wir hören gern, was wir hören wollen. Verstehen befreit aus Sprachlosigkeit. Mißverstehen läßt verstummen. Dabei hat Verstehen weniger mit Verstand zu tun als mit Annahme, mit Nähe und mit Liebe.

Krebskranke sollten ihre Wünsche ganz klar aussprechen. Etwa so: »Ich freue mich, daß ich mit euch reden kann. Es bringt mich auf andere Gedanken. Ich freue mich sehr, daß ich auf euch zählen kann. Das Wetter interessiert mich im Augenblick nicht und die Familie auch nicht. Mir geht meine Krankheit nicht mehr aus dem Kopf.«

Eine weitere Möglichkeit: »Lassen wir heute die Krankheit beiseite. Was gibt's bei euch Neues? Erzählt mir irgendeinen Klatsch.« Oder: »Ich möchte heute nicht sehr viel reden. Laßt uns einfach mal zusammen schweigen. Ich freue mich aber trotzdem, daß ihr hier seid.«

Auch dies ist eine Form: »Ich weiß selbst nicht, wie ich über meine Krankheit reden kann und ob ich überhaupt darüber reden will. Vielleicht will ich einfach nur weinen. Gebt mir dann bitte ein Taschentuch.«

Wichtig für alle Krebskranken ist es, ihre Bedürfnisse anzumelden. Nach der Diagnose Krebs besteht bei den Erkrankten die überwiegende Angst, nicht angenommen zu werden, nicht als normaler Mensch behandelt zu werden. Die unausgesprochene Bitte vieler Betroffener lautet: »Verhaltet euch nicht so, als wenn ich aussätzig wäre oder bereits tot. Ich möchte weiter zu dieser Gesprächsrunde, also zu euch gehören. Macht keine Sterbemiene, wenn ihr mit mir sprecht. Über die Krankheit grübele ich genug. Sie ist nicht mein einziges Thema. Ich bin krank. Noch nicht tot, aber normal.«

Es gibt ein ambivalentes Verhalten bei Krebskranken − ein Reden-Wollen aber nicht Reden-Können und ein Tun, als existiere die Krankheit nicht − was es Freunden und Angehörigen nicht leicht macht, damit umzugehen, die Gedanken lauten in etwa:

1. Wenn ich jetzt von meiner Krankheit rede, dann verschwinden alle. Die können nicht damit umgehen. Ich merke, daß sie nicht wissen, wie sie mit mir reden

sollen. Wenn meine Freunde oder mein Partner mich fallenlassen, dann gibt dies mir den Rest.

2. Ja nicht über meine Krankheit reden, die Krankheit macht mir angst. Ich möchte so weiterleben, wie bisher. Wenn ich nicht über die Krankheit rede, dann existiert sie auch nicht. Ich muß ständig reden. Ich muß über etwas anderes reden, sonst fragen sie mich vielleicht noch und die Krankheit steht im Mittelpunkt.

3. Ich bin froh, daß ich nicht über meine Krankheit reden muß. Es löst bei mir selbst Angst aus. Ich werde ständig an eine Krebserkrankung erinnert, an der ein Bekannter von mir gestorben ist. Jetzt wird sich vielleicht alles wiederholen. Nur nicht daran denken.

4. Gott sei Dank, alle reden noch mit mir. Es ist überhaupt nichts abgerissen. Sie nehmen mich für voll. Sie reden offen mit mir, und ich habe das Gefühl, daß sie mir helfen wollen.

5. Was muß mir eigentlich noch passieren, daß jemand fragt, wie es mir wirklich geht. Ich kann hier sterben, und sie erzählen immer noch, wie der Kuchen zu backen ist. Oder was die Kinder machen. Es sind eben nur Schönwetterfreunde.

6. Jetzt, wo ich die Krankheit habe, interessiert mich dieses eigentlich gar nicht mehr, aber sie wollen ja nicht mit mir reden. Ich nehme mich einfach nur zurück und gehe nächstes Mal nicht mehr hin.

7. Meine Freunde und Bekannten haben es wohl erfaßt, daß ich nicht mit ihnen darüber reden will, daß ich nicht darüber reden kann, denn ein solches Gespräch würde mir angst machen.

Nur muß Angehörigen und Freunden, die selbst im Umgang mit dem Betroffenen unsicher sind, klar sein, daß dieser ihnen nicht helfen kann. Er hat es nicht gelernt, darüber mit anderen zu reden. Ein Gespräch beinhaltet aber genauso das Zuhörenkönnen, das Anwesendsein, Schweigen und Aufmuntern. Besonders dann, wenn Antworten schwerfallen oder fehlen. Krebskranke unterscheiden ganz klar, was leere Worthülsen und was wirklich ernstgemeinte Ratschläge sind. Wobei Ratschläge auch Schläge sein können. Auch Redewendungen wie »Ich meine es doch nur gut mit dir« sind überflüssig. Denn oft ist Gutmeinen das Gegenteil von gut.

Ein wichtiger Bestandteil in der Therapie ist die bildliche Vorstellung in einem entspannten Zustand. Ungünstige Gedanken und Vorstellungen halten uns oft gefangen und führen zu Ängstlichkeit, die zu einer seelischen und körperlichen Belastung werden kann. Wir können dieses Phänomen aber auch umkehren und ihm eine andere Richtung geben. Wir können günstige, heitere und unbelastete Gedanken und Bilder in uns hervorrufen und somit positive Gefühle erleben. Wir können uns in bildhafte gedankliche Vorstellungen hineinsinken lassen. Auf einer grünen Wiese spazierengehen und den Duft der Blumen riechen. Die Wärme auf unserer Haut spüren. Wir versetzen uns selbst in die Situation, genießen den Sommer in entspannter Haltung. Denken an einen Strandspaziergang oder eine Wanderung auf dem Berggipfel. Wir sehen in allen Einzelheiten die Sonne untergehen, in Farben, Geräuschen und Gerüchen. Wir suchen Frieden, Ruhe und Geborgenheit und erleben sie. Diese Übungen wirken sich günstig auf unseren seelischen und körperlichen Zustand aus.

Ich bespreche für viele meiner Patienten Tonbänder, die sie dann mit in die Chemotherapie nehmen. Es ist erwiesen, daß ein Körper, der in der Sonne liegt, sich entspannt. So wird auch die Chemotherapie mit angenehmen Bildern in unserem Kopf besser durchgestanden, und die Nebenwirkungen sind nicht so groß. Der amerikanische Arzt Simonton hat eine Übung bei Krebserkrankungen empfohlen. Man nennt sie Visualisierung. In einer entspannten Haltung sieht der Patient vor seinem geistigen Auge die erkrankten Körperteile, die Krebsmetastasen und die Narben. Dann stellt er sich die weißen Blutkörperchen vor. Sie tauchen auf und fressen die Krebszellen. Diese Visualisierung wird bei Krebskranken häufig durchgeführt. Sie entspannen sich dabei. Das körperliche Wohlbefinden wird verbessert. Allerdings sollten die Kranken sich nicht unter Druck setzen, wenn sie diese Visualisierung nicht beherrschen. Es gibt viele Entspannungsübungen, die genauso wirksam sind.

Zu den psychischen Problemen kommt auch oft der chronische Schmerz hinzu. Ein Patient, der ständig Schmerzen hat, geht gleichsam durch eine Hölle. Der Schmerz läßt sich nicht von unserem Willen beeinflussen. Wir können nicht vorhersagen, wann er wieder vorüber ist. Die Rede ist hier nicht vom vorübergehenden Schmerz, den wir von Kindheit an kennen und der häufig ein positives Signal ist: Kopfweh, Zahnschmerzen, Quetschungen oder Prellungen. Der chronische Schmerz eines Krebspatienten ist anders.

Der Kranke versucht zwar immer wieder, den Schmerz vorübergehend zu lindern. Aber dies bewirkt so gut wie nichts. Der Schmerz hält an. Er macht uns passiv und läßt uns dahinvegetieren. Er ist kein nützliches Signal. Er ist uns fremd und unverständlich. Es gibt keine klare Ursache dafür, wie etwa ein Sturz, eine Quetschung oder

Brüche. Wir versuchen Gründe zu finden, warum wir diesen Schmerz haben, und Schuld- und Angstgefühle überfallen uns. Wer an chronischen Schmerzen leidet, dem geht ein Gefühl für Zeit verloren. Er durchleidet eine völlige Isolation. Er fühlt sich auf die Stufe des Kindes zurückversetzt, denn sein Körperbewußtsein und sein Selbstgefühl sind verloren. Er ist wie damals als Kind auf andere Menschen angewiesen, die wichtige Dinge in seinem Leben entscheiden und erledigen.

Manche Patienten versuchen, ihrem Schmerz einen Sinn zu geben nach dem Motto: Was mich nicht tötet, macht mich stark. Wie erfolgreich hierbei ein Therapeut ist, hängt von seinem Vermögen ab, sich in den Patienten und seinen Schmerz hineinzuversetzen, und ob es ihm gelingt, individuelle Lösungen zu finden, die seinen Schmerz lindern. Denn erst wenn der Schmerz nachläßt, kann sich der Lebenswille wieder stabilisieren. Fehl am Platz ist in vielen Fällen jedoch Mitleid. Mitleid verstärkt das Gefühl der Hilflosigkeit. Der Kranke merkt, daß er sich in einer schlechteren Lage befindet als der, der ihn bemitleidet. Mitleid schwächt seinen Lebenswillen, und er hat keinen Mut mehr zu kämpfen.

Das Wort Hoffnungslosigkeit sollte nie in einem Gespräch fallen. Wenn es für den Betroffenen keine Hoffnung mehr gibt, dann wird er nicht mehr um sein Leben kämpfen. Wenn andere nicht mehr für ihn hoffen, Therapeuten, Familie oder Ärzte, warum sollte er dann für sich selbst noch Hoffnung hegen? Auch dürfen wir den Kranken nicht wie ein unmündiges Kind behandeln und ihn so jener Kräfte berauben, die er braucht, um zu wachsen und sich zu entfalten. Der Patient sollte angeregt werden, viel zu unternehmen, kreativ zu sein und erst dann innezuhalten, wenn er das Gefühl hat, daß er vor Erschöpfung fast umfällt. Der Aktivspiegel des Patienten muß so hoch wie möglich gehalten werden, damit er seinen eigenen Weg findet und sein noch verbleibendes Leben sinnvoll gestalten kann.

Entspannungsübungen für Krebskranke

Sie brauchen nur eine ruhige Ecke zu Hause oder im Büro, etwas Zeit und Geduld. Geben Sie nicht gleich auf, wenn das Atmen und Entspannen nicht auf Anhieb klappen. Es ist völlig normal, wenn Sie bei den ersten Versuchen noch nicht ganz abschalten und Ihre Schmerzen und Ängste in den Griff bekommen können. Doch nach mehreren Anläufen wird sich der Erfolg bestimmt einstellen. Sie können diese Übungen jederzeit wiederholen, wenn Sie sich angespannt und gestreßt fühlen, wenn Sie Ängste haben oder sich ganz einfach nur entspannen wollen.

Zu den geistigen Kräften, über die jeder Mensch verfügen kann, gehört auch das innere Sehen. Wir können oft mit geschlossenen Augen besser sehen. Bei dieser Übung rufen wir uns ganz gezielte Phantasiebilder vor Augen. Unser Gehirn reagiert auf solche gelenkten Tagträume ähnlich wie auf reale Ereignisse. Wenn man sich ganz intensiv eine Schrecksituation vorstellt, stockt der Atem, und der Herzschlag wird schneller. Die umgekehrte Wirkung kann es haben, wenn man einen angenehmen Film vor dem inneren Auge ablaufen läßt. Sie setzen sich ganz bequem hin und schließen die Augen und beginnen, ganz ruhig zu atmen. Sobald Sie sich etwas entspannt fühlen, stellen Sie sich folgendes vor: Sie sind jetzt an einem ganz bestimmten Urlaubsort, wo auch immer Sie wollen. Auf einer Blumenwiese, einem weißen Sandstrand, an einem Seeufer. Schauen Sie sich an dem schönen Ort um, faulenzen Sie, spüren Sie die Wärme unter Ihren Füßen, unter Ihrem Körper, blicken Sie den Wolken nach, schnuppern Sie die frische Luft oder gehen Sie spazieren. Sie genießen einfach die Ruhe und Entspannung. Bei manchen Menschen werden Phantasiebilder noch intensiver und lebendiger, wenn sie auf der inneren Reise einen Geruch wahrnehmen, einen Rosenduft, ein Rapsfeld, Sonnenöl und dergleichen. Nach ein paar Minuten öffnen Sie langsam die Augen und kommen wieder in Ihre vertraute Wirklichkeit zurück. Stehen Sie langsam auf und denken Sie noch den ganzen Tag an Ihre Traumbilder. Nehmen Sie sie mit in den Alltag.

Atmen Sie sich frei und konzentrieren Sie sich ganz auf Ihren Atem. Lassen Sie ihn ruhig fließen und atmen Sie ganz ruhig ein und aus. Sie können diese Übung im Sitzen, Stehen oder Liegen machen. Legen Sie die Hände ganz locker auf den Bauch. Etwa in Höhe des Nabels und achten darauf, wie sie sich mit dem Luftholen langsam auf und nieder bewegen. Atmen Sie nun ruhig und gleichmäßig ein und zählen dabei bis drei. Machen Sie eine kleine Atempause und zählen Sie dann beim Ausatmen wieder bis drei. Nach einer weiteren kleinen Pause beginnt das Ganze wieder von vorn. Ruhiges eins, zwei, drei Einatmen, Pause, eins, zwei, drei Ausatmen, Pause. Es ist nicht nötig, besonders tief oder langsam zu atmen. Es kommt nicht darauf an, ob Sie durch Mund oder Nase atmen. Es kommt hier eher auf eine Gleichmäßigkeit an. Sie finden dann Ihren richtigen Rhythmus ganz von allein. Stellen Sie sich beim Einatmen Kühle, Frische und Ruhe vor. Atmen Sie in Ruhe ein und lassen Sie die Luft mit dem Luftstrom in sich hineinströmen. Beim Ausatmen atmen Sie Spannung, Unruhe und die verbrauchte Luft aus. Schon nach ein oder zwei Minuten werden Sie sich ruhiger fühlen. Diese Übung kann schon für sich allein hilfreich sein.

Um den ganzen Körper zu entspannen, brauchen Sie etwa 20 Minuten und einen ungestörten Platz. Machen Sie es sich bequem im Sessel oder auf dem Bett und lenken Sie Ihre Aufmerksamkeit nun auf Ihr Gesicht. Sie ziehen die Augenbrauen so weit wie möglich nach oben und lassen sie langsam wieder los. Spüren Sie, wie angenehm sich die Entspannung anfühlt? Nun kneifen Sie die Augen fest zu, bis Sie die Anspannung rund um die Augen, die Schläfen und die Nasenwurzel spüren. Lassen Sie wieder los. Genießen Sie die Entspannung. Gehen Sie schrittweise weiter und spannen Sie eine Körperpartie nach der anderen an, um sie gleich danach langsam loszulassen. Verziehen Sie den Mund zu einem breiten Grinsen und beißen dabei die Zähne zusammen und schieben den Unterkiefer nach vorn. Ziehen Sie die Schultern langsam höher, bis es nicht mehr geht. Drehen Sie den Kopf langsam nach rechts und dann nach links, bis Sie die Spannung in den Halsmuskeln fühlen. Heben Sie die Arme auf Schulterhöhe und spreizen Sie die Finger. Ballen Sie die Hände zu Fäusten. Spannen Sie die Rückenmuskulatur an und biegen Sie sich wie ein Bogen durch. Ziehen Sie den Bauch fest ein. Kneifen Sie die Gesäßmuskeln zusammen. Spannen Sie Ihre Beine an, bis sie sich ganz steif anfühlen. Krümmen Sie die Zehen. Nach jedem Übungsschritt lassen Sie die Muskeln locker und ruhen einen Moment. Bewegen Sie sich langsam und sanft. Lassen Sie alles aus, was schmerzt, bevor Sie wieder anspannen. Machen Sie alle Übungsteile langsam und sanft. Nach dieser Übung fühlen sich viele Menschen leicht, fast schwebend, andere wohlig, schwer und warm. Genießen Sie das Gefühl von Entspannung, bevor Sie ohne Hektik ruhig wieder aufstehen.

Um Ihre Ängste und Aggressionen loszuwerden, können Sie auch Ihre Stimme benutzen. Suchen Sie sich dafür einen ungestörten Platz. Atmen Sie ein paar Mal ruhig und gleichmäßig mit offenem Mund und lassen Sie dann bei jedem Ausatmen den Ton heraus, der gerade kommt. Das kann ein tiefes Seufzen sein, ein heller Laut oder ein Ton, der Ihnen selbst ganz fremd ist. Lassen Sie es raus. Es kann auch ruhig laut werden. Es ist egal, ob Sie von jemandem gehört werden oder nicht. Vielleicht steigt dabei ein Kichern oder ein Schluchzen, ein Weinen oder ein Schreien hoch. Lassen Sie es ruhig geschehen. Es baut Streß ab, und es erleichtert Sie kolossal. Lassen Sie im Ton alles raus, was Sie beschäftigt.

Die nächste Übung besteht in einer Reise durch den Körper. Machen Sie es sich wieder bequem und achten Sie darauf, daß Sie nicht gestört werden, weder von der Klingel noch vom Telefon. Schließen Sie die Augen und entspannen Sie sich. Nun achten Sie auf Ihren Atem. Sie atmen ganz einfach ein und aus, ein und aus, werden immer ruhiger und ruhiger. Sie entspannen Ire Augenmuskulatur. Jetzt spüren Sie, wie die Kopfhaut sich lockert, wie die Spannung aus Irem Gesicht entweicht, die Kinnladen sich lockern. Auch der Nacken wird weich, er muß den Kopf nicht mehr tragen. Die Schultern lockern sich und lassen Entspannung, Ruhe und Frieden zu. Entspannung, Ruhe und Frieden strömen sanft in Ihren Oberarm, den Unterarm, die Hand und die Finger ein. Wenn Sie im kleinen Finger angelangt sind, kehrt die

Strömungsrichtung um und hinterläßt im Arm Entspannung, Ruhe und Fieden. Und jetzt leitet die Entspannung in den anderen Arm hinein, wiederum vom Oberarm bis in den kleinen Finger. Nun konzentrieren Sie sich auf den Innenraum zwischen Irem Brustbein, den Rippen und dem oberen Teil des Rückens. Sie atmen ganz ruhig, hier pulsiert die Lunge und das Herz. Der obere Teil des Rückens entspannt sich, auch die Muskeln der Schulterblätter. Die zunehmende Entspannung zieht nun in den unteren Teil des Rückens ein. Erleben Sie nun die Ruhe zwischen Bauchdecke, Becken und unterem Teil des Rückens. Sie werden dort die Wärme und die Kraft spüren, das Leben, das darin steckt. Fühlen Sie jetzt in Ihrem Beckenboden, wie sich die Schließmuskeln entspannen. Spüren Sie das Gewebe und lassen Sie sich einfach von der Wirkung der Entspannung überraschen. Jetzt empfinden Sie, wie die Wärme, Ruhe und der Frieden in Ihr rechtes Bein einströmt, Oberschenkel, Unterschenkel, Sprunggelenk, Fuß, Zehen sanft erfüllend. Jetzt konzentrieren Sie sich auf das andere Bein, und auch dort strömt Wärme, Ruhe, Frieden und Entspannung ein. Nun konzentrieren Sie sich noch einmal auf alle Körperteile und entspannen sich. Nun stellen Sie sich eine Kugel vor, eine warme runde Kugel, die Sie verschlucken. Sie verfolgen ihren Weg. Von der Speiseröhre, Brustkorb in den Magen, zu den Nieren und zum Darm. Diese Kugel hinterläßt Wärme und Entspannung. Die Kugel wärmt Sie, entspannt Sie und bringt Heilung. Ihr ganzer Körper ist erwärmt. Sie lassen los, lassen Ihre Gedanken laufen, halten sie nicht fest. An den Stellen, wo Sie operiert worden sind, bleiben Sie länger und konzentrieren sich stärker. Sie empfinden dann wieder die Wärme, die Durchblutung und spüren Heilung. Wenn

113

Sie lange genug entspannt gelegen haben, atmen Sie einmal tief ein und aus, dehnen und strecken sich, gähnen, öffnen die Augen, rollen sich zur Seite, setzen sich allmählich auf und kehren zu Ihrem Alltag zurück.

Psychotherapie und Positives Denken

Bei einem Krebskranken ist Positives Denken, wenn er sich in einer depressiven Phase befindet, absurd. Es kann verheerend sein, wenn er sich vergeblich an diese Überzeugung klammert, nur richtig denken zu müssen, um wieder gesund zu werden. Es wird zu einem Zwangsgedanken, der zur Verleugnung der wirklichen Gefühle und Gedanken führt. Je mehr er seine Wut, seine Angst, seine Verzweiflung unterdrückt, um so größer wird der innere Streß und wenn dies dann noch mit Positivem Denken maskiert wird, bewirkt es das Gegenteil. Wer sich ständig einredet, daß richtiges, sprich Positives Denken die einzige Lösung sei, täuscht sich über die reale Lage hinweg. Es gibt während der Krebserkrankung viele Situationen, über die wir nicht glücklich sein können. Wer aber über bestimmte Dinge nicht verzweifelt, nicht wütend und depressiv wird, ist seelisch nicht gesund.

Die meisten New-Age-Therapeuten haben sich nie die Mühe gemacht, Fachliteratur zu lesen. Sie treten als Entdecker und Heiler auf, kennen aber kaum die wichtigsten Ergebnisse der Krebsforschung. Wichtig ist, daß der krebskranke Mensch Zugang zu seiner Krankheit findet, der Lebensfreude und Genuß nicht ausschließt. Ein Diktat zum Positiven Denken erschwert seine Lage.

In der Psychoonkologie geht es nicht um Positives Denken, und es geht nicht nur um die Auseinandersetzung mit der Auswirkung von Prothesen, mit Narben und kosmetischen Folgen oder Fragen zur Veränderung der Ernährung. Es geht um viel mehr. Es geht um das Zurückfinden in den eigenen Körper und zu den eigenen Gedanken. Zu den Gedanken, die wir im Augenblick haben, zu den Gefühlen, die wir im Augenblick empfinden. Krebskranke, die sich an das Positive Denken klammern, werden zwangsläufig enttäuscht, weil derartige Heilsbotschaften, die häufig in der Boulevardpresse verbreitet werden, nicht der Realität entsprechen. Ich will hier nicht das Positive Denken verteufeln. Selbstverständlich können wir positiv denken. Wir können versuchen, durch positive Gedanken, durch Gebet oder Gottgläubigkeit, durch eine optimistische Einstellung an etwas zu glauben. Wir können uns den schönen Dingen des Daseins widmen, aber draußen bleibt die Realität. Wir können uns in ein Kloster zurückziehen, aber draußen bleibt das Kriegsgeschehen und die politischen Konflikte. Wir können uns gedanklich positiv einstellen, aber der Chef versucht uns weiter zu unterdrücken und zu manipulieren. Wir können uns liebend einstellen, aber der Nachbar nimmt darauf keine Rücksicht. Er droht uns trotzdem weiter mit Streit. Wir können meditieren und gute Gedanken haben, aber trotzdem wachsen die Metastasen weiter. Positives Denken allein behindert uns, die Wirklichkeit so zu sehen, wie sie ist. Eine liebende positive Einstellung zum Mitmenschen reicht so weit, wie er sich davon berührt fühlt, sich angstfrei zu entfalten. Das ist nun kein Pessimismus, wie die Idealisten oder die Suggestionstherapeuten vielleicht einwenden.

Realimus ist unabhängig vom Pessimismus oder vom Optimismus. Wir alle suchen Liebe, Harmonie, Frieden und die Aggressionsfreiheit. Aber wo finden wir das? Positiv denken stelle ich mir vielleicht auch so vor: Ich muß mir neu überlegen, was jetzt in meinem Leben wichtig ist. Dies können Kleinigkeiten sein. Mein Kopf tut mir heute nicht weh, mein Bauch auch nicht, und Rückenschmerzen habe ich nicht. Ein gutes Essen mit Wein, draußen scheint die Sonne, und mir geht es gut. Spazieren gehen, Urlaub planen: Der Gedanke an den Tod liegt fern, denn das Leben bietet wunderbare Möglichkeiten. Vielleicht kann Ihr Leben trotz Krankheit ein positives Abenteuer sein, wenn Sie um Ihren Lebenssinn, um Ihre Seele kämpfen. Es hilft möglicherweise Ihrem Körper, die Krankheit zu überwinden. Und dieses ist positiv. Eines hindert uns allerdings, positive Gefühle zuzulassen: ständiges Selbstmitleid, mangelndes Selbstvertrauen, die Unfähigkeit, mit Schicksalsschlägen fertig zu werden und beim Verlust eines Partners loslassen zu können. Angst, spontan Gefühle zu zeigen, die Angst, anderen zu vertrauen und eine feste Bindung einzugehen, die Furcht vor dem Verlassenwerden. Deshalb sind Selbstvertrauen und Hoffnung die besten Voraussetzungen für eine Heilung. Sie stärken die körpereigenen Abwehrkräfte. Und sagen Sie sich immer wieder: Ich kämpfe nicht gegen den Tod. Ich kämpfe für das Leben. Verinnerlichen Sie diesen positiven Satz ganz tief.

In manchen Büchern wird ein Training für Positives Denken angeboten. Einige Methoden werden empfohlen, durch welche die Menschen mit größeren Belastungen und Schwierigkeiten fertig werden sollen. Die Formeln lauten zumeist: Mir geht es gut, ich bin entspannt, ich werde es schaffen, es geht mir immer besser und besser.

Doch sie entsprechen nicht der Wahrheit, und deshalb halte ich von derartigen Methoden überhaut nichts. Wer depressiv ist, kann nichts Positives denken, und wer sich in einer guten seelischen Verfassung befindet, braucht diese Anleitung nicht mehr. Statt derartiger Selbstsuggestionen sollten wir die Aufmerksamkeit eher auf das wirklich Positive in uns selbst und unserer Umwelt lenken. In jedem Leben ist Positives vorhanden. Manchmal hält es sich mit dem Negativen die Waage. Wir sollten nach einer gelungenen Arbeit oder Anstrengung immer sagen: So, das habe ich wieder geschafft.

Jeder muß sich fragen: Was könnte mir guttun, was ist für mich seelisch aufbauend? Nur, was können Betroffene tun, die sich in einem seelischen Tief befinden? Oft bringen sie kaum die Kraft auf für erfreuliche Tätigkeiten. Es ist schwierig, bei depressiven Stimmungen einen Zugang zu positiven Gedanken zu finden. Wichtig ist, daß Depressive nicht an der Bedrohung der Krankheit festhalten. Wenn chronisch Krebskranke zu mir in die Praxis kommen, dann frage ich sie immer, ob sie Schmerzen haben. Meistens wird dies verneint.

Ich versuche ihnen dann zu vermitteln, daß die sich als gesund empfinden sollten. Solange keine unmittelbaren Schmerzen erlitten werden oder ein konkreter Befund vorliegt, existiert die Krankheit nur als ein bedrohlicher Gedanke. Es ist ein wesentlicher Schritt getan, wenn die Betroffenen lernen, jeden Tag ihres Lebens anzunehmen, ohne ihn mit negativen Gedanken und Angst zu zerstören.

Psychotherapie und Ärzte

Eine Zusammenarbeit zwischen psychosozialer Onkologie und Medizinern ist kaum möglich, weil es in allen Akutkrankenhäusern so gut wie keine Psychologen gibt. Die Krankenschwestern auf den Krebsstationen haben meist keine Zeit, allen Krebspatienten Hilfe zu bieten. Das Elend auf den Krebsstationen, die Verzweiflung, die Folgen der Chemotherapie, das Alleingelassensein werden in unserer Gesellschaft noch immer an den Rand gedrängt. Freunde und Bekannte wenden sich oft ab, weil sie mit der Krankheit nicht umgehen können oder wollen. Das verstärkt noch das Gefühl des Alleingelassenwerdens. Der Psychotherapeut hingegen kann mit der Angst des Krebspatienten umgehen, denn das ist sein Beruf.

Der Unterschied zwischen dem Arzt und dem Psychologen ist häufig folgender: Der Arzt sieht erst die Krankheit und dann den Menschen, beim Psychologen ist dies umgekehrt der Fall. Die Krebserkrankung erlangt für viele Betroffene eine Bedeutung, die alle anderen Bereiche seines Lebens überschattet. Nach einer erfolgreichen Operation fühlen sich viele Krebspatienten körperlich wiederhergestellt, doch seelisch sind sie noch nicht wieder vollständig gesund.

Meine negativen Erfahrungen in einem Krankenhaus waren folgende: Ich war körperlich gelähmt, konnte aber meine Beine und die Arme noch bis zu einer gewissen Höhe bewegen. Ich wurde zur Tomograpie in eine Röhre geschoben. Dann mußte ich umgedreht werden. Ich hatte wahnsinnige Schmerzen. Mir wurde nicht gesagt, was mit mir gemacht wurde. Man faßte mich wie ein Stück Vieh an, drehte mich um, und ich schrie und klammerte mich. Darauf bekam ich zu hören, daß ich loslassen solle, weil der junge Arzt sonst blaue Flecken bekäme. Es war eine Reflexbewegung, die ich gar nicht unterdrücken konnte bei diesen wahnsinnigen Schmerzen. Beim zweitenmal wiederholte sich das Ganze, und da habe ich mich an eine Schwester geklammert. Die schaute den Arzt an, und beide schüttelten nur mit dem Kopf und schienen mich als etwas Lebensunwürdiges zu betrachten. Jedes Tier, wäre es so angefaßt worden, hätte zurückgebissen, hätte sich gewehrt.

Nachdem es mir einigermaßen besser ging und ich in einem Rollstuhl sitzen konnte, wurde ich zum Ultraschall gefahren. Ich hatte eine starke Lungenentzündung und konnte nicht tief einatmen. Ich lag auf der Liege und hüstelte etwas. Daraufhin sagte mir der behandelnde Arzt in einem Ton, den ich nie vergessen werde, ich möchte doch bitte die Hand vor den Mund halten, wenn ich mit ihm redete. Dieses konnte ich noch verstehen, da er vielleicht Angst vor irgendeiner Ansteckung hatte. Als ich fertig war, mich wieder in meinen Rollstuhl gequält hatte und auf die Schwester wartete, stand er hinter mir, gab dem Rollstuhl mit dem Fuß einen Stoß, daß er zur Tür rollte, wo die Schwester stand. Er hielt es nicht mal für nötig, den Stuhl anzufassen und mich zu schieben. All dieses hat mich unheimlich gekränkt. Mir steigt auch heute noch die Wut hoch, wenn ich daran denke. Das Benehmen der Ärzte hat meinen Heilungsprozeß durchaus beeinflußt. Ich habe alle Kraft zusammengenommen und habe versucht, so schnell wie möglich aus diesem Krankenhaus herauszukommen. Aber das läßt sich natürlich nicht verallgemeinern.

In meiner ganzen Krankheitsgeschichte waren dies die beiden negativsten Fälle, die ich erlebt habe. In beiden Fällen handelte es sich um sehr junge Ärzte, die über

Menschlichkeit und Zuwendung wenig wußten und hauptsächlich wegen guter Abiturnoten diesen Beruf ergriffen hatten. Immer wieder hören wir, daß wir zu den Ärzten Vertrauen haben sollen. Aber wie können wir Vertrauen haben, wenn wir solche Erfahrungen machen müssen? Kein Arzt kann Vertrauen bei einem Patienten voraussetzen. Er muß sich erst einmal darum bemühen. Doch für Unmenschlichkeit in diesem Beruf gibt es keinerlei Entschuldigung. Die meisten Patienten spüren sehr deutlich, wenn sich der Arzt ihnen gegenüber aufrichtig verhält. Ist er unaufrichtig, werden sie unsicher und mißtrauisch. Wenn die Ärzte zur Visite kommen, verläßt viele Patienten der Mut, genau nachzufragen, obwohl sie zuerst sehnsüchtig auf die Visite warten, weil sie ein offenes, vertrauliches Gespräch mit einem Fachmann und Menschen benötigen. Viele Ärzte begründen ihre Zurückhaltung mit dem Argument, daß sie Patienten schonen müßten. Doch versteckt sich dort nicht auch die Angst der Ärzte vor einem offenen Gespräch mit einem Schwerkranken? Damit Patienten ihre Krankheit richtig beurteilen können, sind ausführliche, aufrichtige Gespräche vonnöten, die Aufklärung, aber auch Zuwendung vermitteln.

Immer wieder scheint es Ärztegruppen zu geben, die eine psychologische Betreuung von Krebskranken strikt ablehnen, sie sogar mit psychiatrischer Behandlung gleichsetzen. Die Diagnose Krebs macht Angst. Nicht zuletzt deshalb ist Krebs auch ein psychologisches Problem. Die psychologische Betreuung von Krebskranken müßte gleich nach der Operation im Krankenhaus beginnen.

Es gibt Ärzte, die den Nutzen einer psychologischen Betreuung erkennen und sich eine Einbindung von

Psychologen in das Ärzteteam wünschen. Sie stehen aber vor einem unüberwindbaren Widerstand von andersdenkenden Ärzten. Patienten, die um psychologische Betreuung nachfragen, werden an die Sozialstationen oder an Selbsthilfegruppen verwiesen, an Seelsorger oder an Hausärzte. Die Seelsorger stehen vor anderen Schwierigkeiten. Menschen, die den Kirchen fremd gegenüberstehen, lehnen oft den Kontakt mit den Klinikpfarrern ab. Die Hausärzte fühlen sich mit der psychologischen Betreuung ihrer Patienten überlastet, da sie sowieso immer zu wenig Zeit haben und auch nur für wenige Minuten Beratungsgespräch bezahlt werden. Da die psychologische Ausbildung der niedergelassenen Ärzte gleich Null ist, sind auch hier die Probleme offensichtlich. Haarsträubende Beratungsgespräche sind bekannt. Vor allen Dingen junge Ärzte und Ärztinnen tun sich aufgrund mangelnder Erfahrung besonders schwer und richten großes seelisches Unheil an. Worte können heilen, aber ebenso vernichten. Die psychosoziale Betreuung des Krebskranken noch während der akuten Behandlung im Krankenhaus sollte endlich in Angriff genommen werden. Denn Krebs ist nicht ausschließlich ein medizinisch-naturwissenschaftliches Problem.

Hinsichtlich der Isolation jedoch kann auch der Psychotherapeut nur wenig tun. Hier sind die Selbsthilfegruppen im Vorteil. Doch auch sie sind nicht ganz unproblematisch. Die meisten Gruppen werden nämlich von engagierten Betroffenen geleitet und nicht vom Psychotherapeuten. Innerhalb solcher Gruppen können viele Gefühle nicht entsprechend kanalisiert werden, und sie verteilen sich auf alle Teilnehmer. Das belastet manchen Betroffenen derart, daß sie mit der Selbsthilfegruppe nichts mehr zu tun haben wollen. Hier wäre es wichtig, kleine Gruppen mit psychologischer Betreuung zu gründen, damit auf individuelle Probleme eingegangen werden kann. Der Betreuer kann durch Kenntnis der Anliegen der Patienten die Fälle so wählen, daß es in diesen Gruppen zum ausgleichenden und heilenden Gespräch kommt.

Zusammenfassend muß noch einmal betont werden, daß die Betreuung von Krebskranken in Deutschland alles andere als optimal ist. Das Angebot, sich psychotherapeutisch betreuen zu lassen, wird von der überwiegenden Mehrzahl der Patienten ausgeschlagen.

Die meisten Menschen wünschen sich die Hilfe, die ihnen ein Psychotherapeut geben kann, von einem Arzt. Der Patient muß diese Bedürfnisse an der richtigen Stelle und zum richtigen Zeitpunkt zeigen. Ich halte es für wichtig, daß der Psychotherapeut mit dem Arzt und dem Pflegepersonal zusammenarbeitet. Daß er nicht nur zuhört, sondern sich auch selbst auf die Gefühle des Patienten einläßt. Daß er die Angst mit ihnen gemeinsam aushält, statt sie möglichst schnell unter Kontrolle bringen zu wollen. Er muß sich aber auch intensiv mit sich selbst auseinandersetzen. Wenn es um das Aushalten einer nicht mehr heilbaren Krankheit geht, ist es nicht immer einfach, mit dem Leben einverstanden zu sein.

Krebs ist ein Sturz aus der normalen Wirklichkeit. Normalvorstellungen über den Sinn des Lebens sind für den Betroffenen nicht mehr gültig. Er muß neu überlegen, was für ihn wichtig ist, die Endlichkeit seines Lebens immer vor Augen. Wer kann ihm dabei helfen? Der Arzt, der Psychologe, die Krankenschwester, der Pfarrer, die Freunde, der Partner, die Kinder, der Nachbar? Die häufig von Krebskranken gezeigte Bescheidenheit macht es für die Ärzten und das Pflegepersonal oft schwieriger, mit ihnen umzugehen. So sollten wir möglichst viele Betroffene zur Unbescheidenheit ermutigen. Gespräche zwischen Ärzten und Patienten geschehen meist unter starkem Zeitdruck. Das dürfte sich kaum ändern, denn der Kostendruck in den Krankenhäusern zwingt zu weiteren Einsparungen trotz des Ärzteüberschusses. Das ist um so bedauerlicher, weil die Patienten über ein Übermaß an Zeit verfügen, das sie Gespräche mit dem Arzt sehnsüchtig erwarten läßt.

In den nächsten Jahren dürften bei der Diskussion über Behandlungsmöglichkeiten der Begriff der Lebensqualität verstärkt in den Vordergrund treten. Davon wird auch das Arzt-Patienten-Verhältnis betroffen sein. Fast die Hälfte der erwachsenen Krebspatienten, so belegen Erhebungen, klagen bereits 24 Stunden vor ihrer Chemotherapie-Behandlung über Übelkeit und Erbrechen. Ein rein psychisches Phänomen: Allein die Vorstellung verursacht eine körperliche Reaktion. Hier gilt es, das Wohlbefinden des Patienten – seine Lebensqualität – zu erhöhen. Umfragen zufolge kennen etwa 80–90 Prozent der erwachsenen Bevölkerung mindestens einen Krebsbetroffenen persönlich. Etwa jeder zweite Erwachsene kennt mehrere Krebsbetroffene. Was die Menschen über Vorsorge, Behandlung und psychosoziale Folgen von Krebserkrankungen wissen und denken, wird ganz wesentlich geprägt durch ihre persönlichen Erfahrungen. Frauen, die an die Öffentlichkeit gegangen sind wie etwa Sabine Sinjen, Ingrid Bergmann oder Mildred Scheel, haben da Vorbildfunktion.

Viele Patienten erlauben ihrer Krankheit, daß sie ihre Lebensqualität stärker zerstört als notwendig. Andere dagegen bekommen gerade durch diese Krankheit ein stärkeres und positiveres Lebensgefühl. Offenere Informationen in den Medien, ohne Drohung und Angst zu erzeugen, würde die Angst der Menschen vor Krebs verringern. Auch sollten geheilte Patienten den Kranken Hilfe anbieten. Sie sollten verstärkt in die Öffentlichkeit gehen und zeigen: Hier stehe ich, ich bin gesund. Du schaffst es auch.

Psychotherapie bei Krebskranken – noch immer ein Luxus?

Die Suche nach dem richtigen Therapeuten ist sehr schwierig und nimmt sehr viel Zeit und Kraft in Anspruch. Es gibt nach wie vor wenig Ärzte, die ihren seelisch leidenden Patienten die Adresse eines Psychotherapeuten geben. Eigentlich sollte jeder gute Onkologe und Arzt einen Therapeuten seines Vertrauens haben, den er weiter empfehlen kann, und die Krankenkassen sollten dies akzeptieren und bezahlen. Wenn der Hausarzt eine Behandlung mit Psychopharmaka anrät, sollte er zu kurzen begleitenden Gesprächen bereit sein. Zur Psychotherapie hat er in aller Regel wenig Zeit, und es fehlt ihm auch die Ausbildung. Die haben nur folgende Fachärzte: Psychiater und Neurologen.

Ein Psychiater ist ein Facharzt für Diagnose und Behandlung seelischer Krankheiten. Er hat den größten Überblick über mögliche Ursachen der Krankheiten. Fast alle Psychiater sind jedoch eher auf Behandlungen mit Medikamenten als auf Gesprächstherapie eingestellt. Der Facharzt für Neurologie und Psychiatrie nennt sich auch Nervenarzt. Er hat sich zusätzlich auf organische Krankheiten des Nervensystems spezialisiert. Der Neurologe ist vor allem für organische Nervenerkrankungen zuständig, z. B. für Migräne, Bandscheibenvorfälle und dergleichen. Für psychische Krankheiten ist er nicht der richtige Adressat.

Manche Leute behaupten, daß sie lieber zu einem Neurologen als zu einem Psychiater gingen, weil immer noch das Vorurteil weit verbreitet ist, daß der Psychiater nur für Verrückte zuständig ist. Nun gibt es allerdings auch Ärzte mit der Zusatzbezeichnung Psychotherapeut. Diese werden von den Krankenkassen bezahlt. Die Bedingungen, unter denen die Ärzte diesen Zusatztitel erwerben können, sind von Bundesland zu Bundesland verschieden. Allerdings sollten Ärzte nicht unbedingt zu hauptberuflichen Therapeuten werden, sondern dazu befähigt sein, im Rahmen der medizinischen Behandlung auf psychische Probleme ihrer Patienten besser einzugehen.

Diplompsychologen haben im Hauptfach Psychologie studiert und mit einem Diplom abgeschlossen. Allerdings gibt dies keine Auskunft über ihre therapeutische Qualifikation. Sie lernen in ihrem Studium mehr als Ärzte über psychische Krankheiten und ihre Behandlungen. Alle Diplompsychologen, die Krebskranke behandeln, also klinische Psychologen, haben eine Art von Fortbildung gemacht. Wichtig ist, daß es sich um eine Fortbildung in Verhaltenstherapie, Gesprächstherapie oder Gestalttherapie handelt. Das wichtigste in einer Therapie ist, daß der Patient und der Therapeut ein Vertrauensverhältnis haben. Es ist dabei zu beachten, daß sich eine Frau besser bei einer Therapeutin aufgehoben fühlt, ein Mann dagegen häufiger mehr Verständnis bei einem Therapeuten findet.

Eine Patientin erzählte mir, daß sie in einer Kaffeerunde gefragt wurde, woran sie erkrankt ist. Sie sagte ganz einfach nur: »Ich habe Krebs gehabt.« Die Gesichter erstarrten. Alle waren peinlich berührt. Es kam zu Pausen, betretenem Schweigen und verlegenem Weggucken. Dann wurde der Kuchen gelobt, über das Wetter geredet und das Porzellan gepriesen. Eine Dame traute sich denn aber doch zu fragen: »Und was machen Sie jetzt?« Und sie antwortete: »Eigentlich nur leben! Was sonst?« Sie muß wohl dabei gelacht haben, und das mündete wieder in eine lange Stille. Eine andere Dame meinte: »Ja, das war's dann wohl. Mit dieser unheilbaren Krankheit kann man ja nicht lange leben.« Ein Krebskranker gilt als Todeskandidat. Diese Patientin hatte schon eine Psychotherapie hinter sich und konnte sogar lachend sagen, daß sie Krebs hatte. Vielen Patienten geht es aber nicht so. Viele sagen sich auch: »Warum soll ich so weiterleben wie bisher, wenn ich doch in diesem Leben Krebs bekommen habe?«

Patienten wollen vor allem eines: Ganz konkret über ihre aktuellen Probleme, ihre täglichen wechselnden Stimmungen und ihre Ängste sprechen. Zum anderen möchten sie in ihren Handlungen bestärkt werden. Es müssen aber auch Bewältigungsstrategien zur Verarbeitung der Krankheit entwickelt werden.

Teil 5:
Was können Angehörige, Freunde und Mitmenschen tun?

Für einen Krebskranken ist es besonders wichtig, daß die Menschen in seiner Umgebung sich nicht zurückziehen und damit ihn und seine Angehörigen allein zurücklassen. Gerade der Kranke ist auf hilfreiche Mitmenschen angewiesen. Wie häufig in Krisenzeiten, schrumpft auch während einer langen Krankheit der Freundeskreis. Einige wenige wirkliche Freunde bleiben. Nur selten kommen neue hinzu.

Wenn es dem Krebskranken wirklich elend geht, ist das für die Mitmenschen meist einfacher. Denn dann können sie direkt helfen. Schwieriger wird es, wenn es ihm besser geht, wenn er wieder ruhiger wird. Durch liebevolle Aufmunterung und die Zuneigung, die Angehörige und Freunde den Kranken zeigen, können seelische Tiefs schrittweise überwunden werden. Wichtig für den Erkrankten ist, daß Ermutigungen aufrichtig gemeint sind und nicht einfach leer dahingesagt werden.

Auf eines ist zu achten: Dem Gesunden muß bewußt sein, daß der Kranke häufig unter stark wechselnden Stimmungen und Gefühlen leidet. Für Angehörige, Freunde und andere Mitmenschen ist es manchmal schwer faßbar, daß der Erkrankte sich zuweilen aggressiv oder unfreundlich verschließt und zurückzieht. Es ist ein Zeichen für Schwankungen, die Ungewißheit, in der der Betroffene lebt. Dazu zählt auch das Gefühl, von anderen abhängig zu sein und die ständige Angst vor einer Verschlimmerung der Krankheit und einer damit verbundenen aggressiven Therapie. Dieses Gefühl zu ertragen ist für viele beschämend, und es fällt ihnen schwer, es auf die Dauer zu akzeptieren.

Neben Ehrlichkeit, Zuwendung und Akzeptanz gehört auch das Einfühlen in die seelische Welt des anderen zu einem erfolgreichen Umgang mit dem Krebskranken. Das Gefühl, verstanden zu werden und nicht allein zu sein, führt zu Erleichterung und ermutigt den Kranken, weiter seine Gefühle und Ängste mitzuteilen. Dazu bedarf es der Fähigkeit, den anderen wirklich zu verstehen und sich vorzustellen, wie er sich im Augenblick fühlt. Das ist nicht so einfach. Angehörige und Freunde stellen sich oft viele Fragen, wie es ihm gehen mag, wieviel Schonung, wieviel Rücksichtnahme er benötigt. Die ständigen Selbstzweifel der Erkrankten erschweren die Umsetzung dieses Vorsatzes. Doch eben diese innere Zerrissenheit ist ja der Hauptcharakterzug des Erkrankten, und wenn es uns gelingt, sozusagen in seine Haut zu schlüpfen, sind wir einen entscheidenden Schritt vorangekommen. Dann können wir seine Zerrissenheit spüren: Hier der Lebenswille, dort die fortschreitende Zerstörung seines Ichs. Wichtig ist, daß wir uns mit dem Tod auseinandersetzen, über ihn reden können und daß wir den Mut und die Kraft haben, bis zum Ende durchzuhalten, ohne abzublocken.

Der Erkrankte sollte niemals davon geleitet sein, sich nach den Vorstellungen seiner Angehörigen oder Freunde zu richten. Er darf keine Belehrungen oder gar Bestrafungen erfahren, wenn er sich in einer bestimmten Weise verhält. Er darf auch in keiner Weise zu bestimmten Entscheidungen überredet werden. Die Bedürfnisse des

Krebskranken müssen absolut im Mittelpunkt stehen. Dies sollte jedoch auf keinen Fall routinemäßig oder gar schematisch geschehen. Jeder Erkrankte fühlt, ob hinter dem Bemühen Aufrichtigkeit steht. Dann gewinnt er Selbstvertrauen und Selbstverantwortung und erfährt sich als achtenswerte Person. Alle müssen akzeptieren, daß die Krankheit ein Teil dieser Person ist.

Als Beispiel für ein ideales Verhalten der Umgebung möchte ich den Fall einer Patientin mit vier schulpflichtigen Kindern schildern. Sie wurde während der Chemotherapie von ihrer Nachbarschaft umsorgt. In der Mittagszeit stand immer ein Mittagessen für die Kinder vor der Tür. Die Kinder wurden morgens zur Schule gefahren. Viele Dinge wurden ihr abgenommen. Während der Zeit der Chemotherapie, die sie im Krankenhaus verbrachte, wurde der Garten gemacht, die Wäsche wurde gewaschen. Es paßte immer jemand auf die Kinder auf. Die Frau wußte nie, bei wem sie sich bedanken sollte. Es waren ganz einfach nur Nachbarn, die von ihrer Krankheit gehört hatten. Sie haben sich zusammengetan, um der Kranken das Gefühl zu geben, daß es zu Hause weitergeht und sie sich endlich um sich selbst kümmern kann. Für viele Mitmenschen ist es erleichternd, irgend etwas Praktisches tun zu können.

Was die Krebskranken allerdings nicht brauchen, sind Schönwetterfreundschaften. Die Zeit sollte ihnen daher zu schade sein. Häufig ist jedoch festzustellen, daß mancher gesunde Mensch gerade deshalb die Nähe eines Kranken sucht, weil er sich ernsthaft unterhalten möchte. Er merkt, daß er durch die Freundschaft mit einem Krebskranken reifer wird und eine seelische Wandlung erfährt.

Die innere Welt des anderen zu spüren erfordert ein

intensives Bemühen. Sie ist nicht einfach ablesbar oder äußerlich wahrzunehmen. Wir haben aber andere Möglichkeiten, um den Zugang zu seinem Erleben zu finden: Anhand seiner Stimme, seines Blickes, seines Gesichtsausdruckes, seiner Körperhaltung, seines Verhaltens usw. Dies wird uns besonders wichtig bei Krebskranken, denen es schwerfällt, ihr Fühlen in Worten auszudrücken. Das Schlimmste, das Krebspatienten wohl passieren kann, ist, daß die Mitmenschen geringschätzig und rücksichtslos mit ihnen umgehen. Mißachtung und Lieblosigkeit drücken sich oft auch in Gesten und dem Verhalten, in Mimik und in den Handlungen des Menschen aus. Sie schauen mißbilligend, zucken voller Verachtung mit den Achseln, grinsen schadenfroh oder fahren sie mit lauter Stimme an. Das Gefühl, das Krebskranke dann als Menschen zweiter Klasse behandelt werden, liegt auf der Hand. Untersuchungen haben ergeben, daß Mißachtung in Familie und Partnerschaft zu Rezidiven führen kann. Die Kranken fühlen sich entmutigt und verlieren ihr Selbstvertrauen. Den anderen wirklich akzeptieren und annehmen mit seiner ganzen Krankheit heißt, ihn auf seinem eigenen Weg zu respektieren.

Die meisten Menschen möchten über sich selbst bestimmen und möglichst wenig Zwang und Bevormundung erfahren. Wir müssen in einer Partnerschaft das Recht auf Selbstbestimmung achten und dürfen vom anderen nicht erwarten, so zu leben, wie wir es für richtig halten. Nur wenige wissen, wie wichtig es für Kranke ist, daß sie vor ihren Angehörigen und Freunden die Freiheit haben, so mit ihrer Krankheit zu leben, wie sie es wollen. Gesunde können Kranken helfen. Sie können sich für sie einsetzen, ihr Sprachrohr sein, für sie Zeit haben, sie zum Arzt bringen oder in eine Selbsthilfe-gruppe begleiten. Wir dürfen ihnen durch unsere helfen-den Aktivitäten nicht die Eigenständigkeit nehmen. Sie bleiben für ihr Wohlergehen und für ihre Entscheidun-gen selbst verantwortlich.

Für die Betroffenen sollte auf der anderen Seite gelten: Sprechen Sie auch über andere Dinge als nur über die Krebserkrankung. Nehmen Sie sich die Zeit, gemein-sam etwas zu besprechen, was die Familie interessiert, und lassen Sie auch andere an Ihren Gefühlen teilneh-men. Gönnen Sie sich Dinge, die Sie auch früher schon getan haben. Gehen Sie zum Essen aus, ins Kino oder verbringen Sie irgendwo mal eine Nacht im Hotel oder machen eine kleine Urlaubsreise. Schieben Sie dann alle Gedanken an die Krankheit weg und versuchen Sie, so normal wie möglich zu leben. Wenn Sie zornig sind, wenn Sie aggressiv sind, dann werden Sie sich über die Ursache des Ärgers klar. Es ist die Krankheit und nicht der Angehörige, der sie aufregt. Versuchen Sie zu lachen und Fröhlichkeit zu zeigen. Sie werden sehen, daß Sie viel mehr können, als Sie sich selbst zutrauen. Viele Dinge werden Sie neu erlernen. Sie werden tun, was Sie früher nie getan haben. Sie werden sehen, daß Sie selb-ständiger denken können und daß es sich lohnt, für das Leben zu kämpfen. Wenn Sie bis jetzt noch nicht er-wachsen geworden sind – die Krankheit wird Ihnen dabei helfen.

Was bleibt uns zu tun, wenn wir endgültig geheilt sind? Viele Geheilte haben Angst, wegen der Krankheit Krebs stigmatisiert zu werden. Deshalb wird ungern über die Krankheit gesprochen. Geheilte Patienten äußern aber auch oft, daß sie nicht über die Krankheit reden wollen, weil sie Angst haben, allein durch das

Denken von neuem zu erkranken. Das ist natürlich Aberglaube. Tiere können nicht denken, und trotzdem erkranken sie an Krebs. Also müßte es jedem klar sein, daß Gedanken keinen Krebs erzeugen können. Diese negative Grundstimmung ist den meisten Krebspatienten eigen, ihnen aber häufig nicht bewußt.

Hier kommt wieder der Vorteil einer Therapie ins Spiel. Wer einmal in psychotherapeutischer Behandlung war, kann über sein schweres Schicksal reden und gibt auch seine Erfahrungen weiter. Er ist selbstbewußter und steht zu seinem eigenen Ich und zu seiner Krankheit. Dunkle Zeiten in unserem Leben, Depressionen, Krankheiten oder andere Krisen: haben wir sie überstanden, schöpfen wir daraus neue Kraft. Wenn wir uns bewußt machen, daß Krankheit eine Chance zur Reife ist, wird uns das Wissen um Krebs nicht so leicht in die Resignation führen.

Wir Gesunden müssen mit den Kranken ein Stück des Weges gehen, wenn er auch steinig sein mag. Sie zu stützen und ihnen Mut zuzusprechen, auf sie eingehen und ihnen vertrauen, versuchen, ihre Schutzmauern einzureißen, ihre Gefühle freizulegen, mit ihnen zu leben und sie anzunehmen. Auch wenn wir manchmal ihre Launen und ihre Aggressionen nicht verstehen, so können wir sie doch ertragen. Wir tragen ihre Sorgen mit, ihre Ängste, ihre Nöte und wenn es sein muß ihre Schmerzen. Nur so ist ein sinnvolles und befruchtendes Miteinander möglich.

Teil 6: Nachtrag

Frauen und Krebs

»Nichts im Leben kommt von selbst. Es genügt nicht, etwas zu glauben, man muß auch die Kräfte haben, Hindernisse zu überwinden und zu kämpfen.« Dieses sagte sinngemäß Golda Meir, eine der großen Frauen der Geschichte. Sie starb im Alter von 80 Jahren an Krebs nach einem erfüllten Leben. Die Antwort auf das Angebot, für das Amt des stellvertretenden Ministerpräsidenten zu kandidieren, beantwortete Golda Meir mit dem berühmten Zitat: »Lieber hauptamtlich Großmutter, als halbamtlich Ministerpräsidentin.«

Das Frauenbild ist durch Generationen geprägt. Frauen sind zum Dienen geboren. Sie sollen lieb sein und stillhalten. Betrachten wir die Fernsehserien, so finden wir Frauen, die alles können. Sie sind lieb, perfekt und immer ausgeglichen. Sie meistern den Haushalt, sind liebende Mütter, gehen in ihrem Beruf auf und unterstützen die Karriere des Mannes. Sie werden nie laut, sind nie ungerecht, sind immer gepflegt, gutgelaunt und gut frisiert. Sie sind hübsch, rücksichtsvoll und nachgiebig. Sie opfern sich auf, geben ihre ganze Kraft der Familie und erwarten dafür keine Dankbarkeit. Nur sieht die Wirklichkeit anders aus. Falls Frauen sich aufopfern, verlangen sie unbewußt etwas dafür, und zwar

Dankbarkeit. Nur merkt der andere dies nicht, und so bekommen Frauen nicht die Anerkennung als Gegenleistung. Die Folge ist Enttäuschung. Krebskranke Frauen müssen sich das Recht nehmen, nein zu sagen.

Krebskranke Frauen müssen ihre eigenen Bedürfnisse kennen. Aus Angst, nicht geliebt zu werden, orientieren wir uns zu sehr an den Bedürfnissen und Sorgen anderer und bleiben dabei auf der Strecke. Wir befürchten, andere zu verletzen, und nehmen uns selbst ständig zurück. Wir wissen nicht, was wir wollen, und glauben aus Rücksicht, Liebe oder um des lieben Friedens willen, so zu handeln. Die Folge ist ganz klar: Wir werden unzufrieden, launisch und undankbar.

Krebskranke Frauen müssen lernen, danach zu forschen, was sie wollen. Sie müssen den Mut haben, den ersten Schritt zu tun und nicht ständig gegen ihre Interessen zu handeln. Geben Sie nicht Dinge auf, die ihnen wichtig sind. Sie müssen lernen, sich selbst zu achten. Stellen Sie klare Forderungen und sagen Sie, was Sie wollen. Verschwenden Sie keine Gedanken darauf, was andere von Ihnen denken. Es ist Ihr Leben, und Sie wollen leben.

Psychologen gebrauchen oft das Wort »Cinderella-Komplex«. Es handelt sich um die Frauen, die brav in der Ecke sitzen und auf den Prinz warten. Wie war es nun aber im Märchen »Aschenputtel«? In dem Augenblick, in dem sie selbst für sich entschied und demütiges Stillhalten aufgab, sich schöne Kleider beschaffte und gegen den Willen der Stiefmutter zum Ball ging, bekam sie alles, was sie wollte: den hübschen reichen Prinzen, Achtung und Erfolg.

Kranke und Gesunde müssen aufhören, aufopfernd und demütigend zu dienen. Für Schmutzarbeit werden wir keine Anerkennung bekommen. Falsch ist es, sich aufzuopfern. Opfer zu bringen und dann zu erwarten, daß die anderen uns dafür lieben. Werden Sie unbequem! Lernen Sie selbst zu bestimmen, wer sich in welchem Maß in Ihr Leben einmischen darf.

Bestimmen Sie, was Sie wollen. Übernehmen Sie nicht prinzipiell allein die Verantwortung dafür, wenn etwas schiefgelaufen ist. Gutes Miteinander beinhaltet nicht, daß Frauen sich für alles verantwortlich fühlen.

Frauen fällt es schwer, Arbeit abzugeben oder zu delegieren. Sie haben Angst, sich überflüssig zu machen. Krebskranke Frauen müssen lernen, Arbeit abzugeben, sich Hilfe zu holen, wenn sie nicht die Kraft haben, Dinge zu tun, die sie bis dahin immer bewältigt haben.

Jede Frau, die eine Chemotherapie bekommt, sollte wissen, daß es ihr irgendwann wieder besser geht. Nehmen Sie Hilfe an!

Krebskranke Frauen sollten sich dazu entscheiden, mehr vom Leben zu erwarten und sich nicht auf die Schattenseite zu stellen. Denken Sie daran: Sie können mehr, als Sie glauben.

Wörter, die krebskranke Frauen nicht akzeptieren sollten, sind »vielleicht« und »eigentlich«. Könntest du mich vielleicht ins Krankenhaus fahren? Vielleicht treffen wir uns einmal wieder? Vielleicht gehen wir einmal ins Kino? Würdest du mir vielleicht etwas vom Kaufmann mitbringen? Stellen Sie Forderungen und schwächen Sie nicht mit »vielleicht« ihre Bedürfnisse ab. Auch das Wort »eigentlich« kann eine Falle sein. Eigentlich wollte ich ausschlafen, aber ich stehe auf. Eigentlich habe ich keine Lust, aber wenn du unbedingt willst. Eigentlich kann ich nicht, aber ich helfe dir trotzdem.

Machen Sie sich frei von diesen Umschreibungen und

gestehen Sie sich auch mal einen Kraftausdruck zu. Wenn es für Männer akzeptabel ist, sollte es auch für Frauen sein. Fluchen, Kraftausdrücke und sexuelle Anzüglichkeiten sind für Frauen verboten. Es ist unweiblich, ungezogen, zotig und aggressiv. »Verdammte Scheiße« bei einem Mann klingt männlich und läßt keinen zusammenzucken. Aber bei Frauen ist das anders. Frauen sollten ab und zu ihren Dampf ablassen können und nicht nur schlucken.

Seien sie nicht nur lieb. Fragen Sie nicht: »Was willst du?« Entscheiden Sie selbst. Verzichten Sie nicht auf Selbständigkeit und legen Sie verinnerlichte Kindheitsmuster ab. Reden wie »das macht man nicht«, »das gehört sich nicht«, »du wirst schon sehen, was du davon hast«, »du machst dich lächerlich«, »du bist ein Mannweib«, »du wirkst wie eine Furie« sollten Sie nicht irritieren.

Legen sie Ihr Mona-Lisa-Lächeln ab. Dieses verzeihende, höfliche Hab-mich-lieb-Lächeln ist kein Ausdruck ehrlicher Freude, sondern eine Unterwerfung. Lächeln Sie nicht, wenn Sie nicht wirklich fröhlich sind. Sie haben keinen Grund, irgend jemanden, etwas vorzuspielen, was Sie in Ihrem Inneren nicht spüren. Lächeln ist etwas Wertvolles. Es spiegelt die eigene Stärke, Kraft und Fröhlichkeit wider. Es beinhaltet, daß wir uns dem anderen zuwenden und ihm zugeneigt sind.

Versuchen Sie, sich aus dem »Rollenverhalten Frau« zu lösen. Für harte Auseinandersetzungen und Kämpfe werden Frauen nicht erzogen. Es ist unweiblich. Nur: Was weiblich und unweiblich ist, entscheiden Männer. Durch Lächeln, Schönheit, Sanftmut, Augenaufschlag, Zurückhaltung, Mütterlichkeit und Herzlichkeit hoffen Frauen, Männern zu gefallen.

136

Krebskranke Frauen müssen sich selbst wichtig nehmen. Heute suchen Männer immer mehr ebenbürtige Frauen, die für sich selbst Verantwortung tragen können. Frauen, die lächelnd verzichten, Meinungen zu äußern und Forderungen zu stellen, verzögern ihren Heilungsprozeß. Sie sind nicht gleichberechtigt und setzen sich nicht konsequent mit Ärzten, Familie und Mitmenschen auseinander.

Selbsthilfegruppen und Krebs

Selbsthilfegruppen können eine wertvolle Hilfe sein im Kampf gegen den Krebs. Betroffene können sich in andere Betroffene besser einfühlen und so praktische Ratschläge geben. Aber in Selbsthilfegruppen geht es weniger um Krankheitsinformationen, sondern um Verstehen und Zusammenhalten. Sie finden sehr wertvolle Unterstützung, um die Krankheit zu bewältigen. Voraussetzung ist allerdings, daß in der Gruppe auch Ängste und Gefühle offen ausgesprochen werden. Selbsthilfegruppen haben in den letzten Jahrzehnten dazu beigetragen, daß die Krebskrankheit aus der Tabuzone herausgeholt wurde. Viele Vorurteile wurden so abgebaut. Andererseits können aber auch in Selbsthilfegruppen gewisse Themen, die Angst erzeugen, tabuisiert werden. Krebspatienten fühlen sich oft isoliert, und auch hier kann die Selbsthilfegruppe von großem Vorteil sein. Ganz unproblematisch sind sie aber nicht. Wie ich schon an anderer Stelle ausgeführt habe: Die meisten Gruppen werden von engagierten Betroffenen geleitet und nicht von Psychotherapeuten. Innerhalb solcher Gruppen können viele Gefühle nicht entsprechend kanalisiert werden und verteilen sich auf alle Teilnehmer. Die Belastung ist für manche dann so hoch, daß sie die Gruppe verlassen.

Der Betreuer kann durch Kenntnis der Anliegen der

Patienten die Fälle so wählen, daß es in diesen Gruppen zu ausgleichenden und heilenden Gesprächen kommt. Es sollte in Selbsthilfegruppen keineswegs nur über Krankheiten gesprochen werden. Manche Gruppen treffen sich für andere Aktivitäten wie Gymnastik, Schwimmen und dergleichen. Kein Krebskranker sollte sich gezwungen fühlen, in eine Selbsthilfegruppe zu gehen, sondern er sollte dies nur tun, wenn er das Bedürfnis dazu verspürt. Da es verschiedene Gruppen gibt, sollte er die wählen, die ihm am ehesten zusagt. Eine Selbsthilfegruppe nach der Krebsbehandlung sollte nur solange in Anspruch genommen werden, bis der Patient selbst entscheiden kann, ob er sie noch nötig hat oder nicht. Sie ist einem Krückstock vergleichbar, den er braucht, wenn er nicht mehr laufen kann.

Dieses muß ein Gruppenleiter oder eine -leiterin akzeptieren: Sie müssen ihre Mitglieder loslassen können, trotzdem wieder in die Gruppe aufnehmen, wenn der Betroffene wieder Unterstützung und Hilfe braucht. Um ein Mißverständnis gleich auszuschließen: Selbsthilfegruppen sind keine Alternative zur ärztlichen Behandlung, sondern nur eine Ergänzung. Eine Gruppe kann ihren Zweck nur dann erfüllen, wenn einige Dinge beherzigt werden.

1. Die Gruppenmitglieder müssen sich in einem bestimmten Zeitraum treffen.
2. Alle Gruppenmitglieder sind gleichgestellt.
3. Jedes Gruppenmitglied bestimmt über sich selbst.
4. Was in einer Gruppe besprochen wird, soll nicht nach außen getragen werden.
5. Die Teilnahme an einer Gruppe sollte kostenlos sein.
6. Jede Guppe findet ihre eigene Form, miteinander umzugehen.

Selbsthilfegruppen sollten auch den aktiven Kontakt zu Ärzten, Psychologen, Ernährungsberatern, Prothesenfachleuten suchen. Jeder in der Gruppe sollte versuchen, sich weiterzuentwickeln und dadurch den anderen zu helfen. Wenn das gelingt, kann eine Gruppe sehr fruchtbar sein. Eine Gruppe ist dann erfolgreich dann, wenn Anpassung an andere und Gleichberechtigung eine Selbstverständlichkeit sind.

Spontane Remissionen oder Selbstheilung

Spontane Remissionen nennen Mediziner die Fälle, in denen eine Krankheit auf unerklärliche Weise verschwindet. Daß selbst Todgeweihte, von Krebstumoren zerfressene Menschen, wieder genesen können, hat die Wissenschaft bisher erstaunlich wenig interessiert. Dabei könnte das Studium dieser Wunderheilungen wertvolle Hinweise geben auf die unterschätzten Selbstheilungsfähigkeiten des Körpers. Tritt eine Heilung ein, die ganz offensichtlich nicht auf die medizinische Behandlung zurückgeführt werden kann, wird also ein Patient von selbst gesund, dann sprechen die Ärzte von einer spontanen Remission. Solche Selbstheilungen sind bis heute ein Ärgernis, ein ungeklärtes Rätsel, das viele Mediziner noch immer am liebsten unter den Teppich kehren würden. Denn sie empfinden es wohl als Kränkung, wenn jemand ganz ohne ihr Zutun wieder gesund wird. Oft werden die spontanen Remissionen auch als Diagnosefehler, ganz einfach als Irrtum abgetan.

Was bedeutet der Begriff spontane Remission? Spontan meint »von selbst«, ohne äußeren Zwang, Druck oder Beeinflussung. Remission bedeutet Wiederherstellung eines früheren Zustands, aber auch Vergebung, Aufhebung eines Urteils. Bis heute gibt es nur wenige Fachveröffentlichungen über Selbstheilungen. Erst in den letzten Jahren haben einige Forscher begonnen, sich systematisch um diese Ausnahmen zu kümmern. Sie versuchen, sowohl ihre Häufigkeit zu erfassen, als auch ihre zugrundeliegenden Heilmechanismen zu untersuchen. Zweifel und Unsicherheit angesichts unerklärbarer medizinischer Phänomene sind natürlich ein idealer Nährboden für alle selbsternannten Heiler und Scharlatane, die sich auf dem Gebiet der Krebserkrankungen tummeln. Sie erwecken bei kranken Menschen, vor allem bei den aussichtslosen Fällen, falsche Hoffnung. Bei dieser Krebsmafia ist sogar ein neuer Tourismuszweig entstanden. Tausende fahren zu den Geistheilern nach Brasilien oder auf die Philippinen. Auch gibt es bei uns eine Vielzahl von Heilpraktikern, die durch Handauflegen, Hypnose oder andere mehr oder weniger exotische Praktiken Heilung versprechen.

Ein Onkologe schlug vor, bestimmten Krebstumoren, die sich von selbst zurückbilden, den Namen Sankt-Peregrinus-Tumor zu geben. Nach dem Namen jenes Mönchs Peregrinus Laziosi, der vor über 700 Jahren lebte und von dem berichtet wird, daß er einen Krebstumor am Fuß bekam, was eine Amputation dringend nötig machte. Am Vorabend der Operation betete Laziosi die ganze Nacht, und als er gegen Morgen in den Schlaf fiel, träumte er, daß der Krebs verschwunden sei. Er erwachte und war geheilt. Durch diese Wunderheilung wurde er heiliggesprochen und als der Schutzheilige aller Krebskranken verehrt. Hat der Heilige Peregrinus durch Glauben sein körpereigenes Immunsystem mobilisiert? Die Medizingeschichte berichtet von vielen Fällen solcher rätselhaften und erstaunlichen Selbstheilungen. Aber erstmals in den fünfziger Jahren haben zwei Mediziner an der Universität von Chicago eine systematische Sammlung von Berichten über Spontanheilungen bei Krebs begonnen.

Rauchen – eine Hauptursache

Rauchen birgt ein hohes Risiko, an Krebs zu erkranken. Es ist weder chic noch sexy. In den Schulen sollte Rauchen verboten werden. Die Krankenkasse sollten über eine Senkung ihrer Beiträge oder Zahlung eines Bonus für Menschen nachdenken, die bewußt etwas für ihre Gesundheit tun. Es gibt immer wieder Patienten, die weiter rauchen, obwohl sie Lungenkrebs haben. Eine Sucht kann aufhören, wenn ihr psychologischer Grund entfällt. Ich frage diese Patienten also, was in diesem Leben so fürchterlich ist, daß sie es wegwerfen wollen. Wenn sie weiterleben wollen, bin ich davon überzeugt, daß sie sofort aufhören. Willenskraft ist zwar ein Konzept, an das die Psychologen schon lange nicht mehr glauben, aber trotzdem ist es für mich gültig. Wir müssen in der Psychotherapie versuchen, an die verschütteten Willenskräfte der Patienten heranzukommen. Sie hängen eng mit dem Lebenswillen zusammen und auch mit den tiefen Wünschen und Plänen für ihre eigene Person.

Es gibt verschiedene Möglichkeiten, sich das Rauchen abzugewöhnen. Wichtig ist allerdings, daß Sie es wirklich wollen, um das Risiko zu verringern, Krebs zu be-

kommen. Sie können ein Opfer von Lungen-, Mund-
höhlen-, Blasenkrebs oder vielleicht auch irgendeiner
anderen Form des Krebses werden, aber auch an einem
Herzinfarkt oder einem Schlaganfall sterben. Sie müssen es vom Verstand her wollen und nicht aus dem
Gefühl heraus, einfach mal wieder genug geraucht zu
haben und nun den Geschmack der Zigarette über zu
haben. Nach fünf, sechs Stunden schmeckt sie wieder,
und das wissen Sie ganz genau. Sie können zum Beispiel jeden Morgen eine Stunde später mit der Zigarette
anfangen. Wenn Ihnen eine Stunde zu lange ist, nehmen
Sie eine halbe Stunde. Aber bevor Sie eine Zigaretten-
entwöhnungskur beginnen, sollten Sie ernsthaft über
die Ehrlichkeit Ihrer Absicht und Ihre Bereitschaft
durchzuhalten nachdenken. Dazu müssen Sie sich über
einige Dinge klarwerden:

Warum wollen Sie das Rauchen aufgeben?

Ist es für Sie persönlich wichtig, oder tun Sie es einem
anderen zuliebe?

Was empfinden Sie beim Rauchen?

Ist es für Sie ein Genuß, oder ist es Sucht?

Rauchen Sie, weil Ihnen die Zigarette schmeckt, oder
weil Ihr Körper es braucht?

Können Sie sich erinnern, wie Sie angefangen haben
zu rauchen und was Sie damals für ein Gefühl gehabt
haben?

Können Sie sich erinnern, unter welchen Umständen
Sie am stärksten geraucht haben?

Was bringt Ihnen das Rauchen?

Was vermissen Sie, wenn Sie nicht mehr rauchen?
Schreiben Sie die negativen Aspekte des Rauchens auf
ein Blatt. Es gibt gewiß genügend Punkte. Nun notieren
Sie die positiven Seiten des Nichtrauchens. Sie werden

einige finden. Überlegen Sie nun ganz klar, was Sie machen wollen. Fragen Sie sich wirklich, warum Sie rauchen. Wenn Sie sich entschlossen haben, nicht mehr zu rauchen, beginnen Sie mit einer positiven Einstellung und nicht mit einer bitteren Entschlossenheit. Lassen Sie sich in keinem Fall von den Überlegungen leiten wie: Es ist genauso ungesund, dick zu sein, also kann ich ebensogut rauchen. Rauchen macht schlank, aber auch krank. Übergewichtig oder sogar fettleibig zu sein, ist zwar nicht wünschenswert, aber wenn es die Folge einer Zigarettenentwöhnung ist, so ist dieses meistens nur vorübergehend. Während der Zigarettenentwöhnung klagen viele über Engigkeitsgefühle in der Brust, Atemlosigkeit, Schwindel oder Schwitzen. Die Symptome haben keine gefährliche körperliche Ursache und verschwinden meistens nach ein paar Tagen.

Gehen Sie viel spazieren oder betätigen Sie sich anderweitig körperlich. Das hilft Ihnen, Ihre angestaute Nervosität abzubauen. Falls Sie zu nervös und kribbelig sind, könnte Ihnen Ihr Arzt ein leichtes Beruhigungsmittel verschreiben. Das hilft, um von den süchtigmachenden Stoffen loszukommen. Vermeiden Sie einige Aktivitäten, die eng mit dem Rauchen verknüpft sind, z. B. Kaffeetrinken, Fernsehen oder Abende in verräucherten Kneipen. Suchen Sie sich dafür irgendeinen Ersatz, und Sie werden sehen: Nach ein paar Wochen brauchen Sie ihn nicht mehr. Wenn Sie statt des Rauchens ein starkes Eßbedürfnis haben, wählen sie kalorienarme Häppchen oder Gemüse und dergleichen. Das Rauchen aufgeben heißt nicht unbedingt, daß Sie an Gewicht zunehmen werden. Aber Sie werden merken, daß das Essen einen viel besseren Geschmack hat als vorher, und somit wird Ihr Appetit angeregt.

Essen sie salzärmer und kauen sie irgend etwas, was nicht dick macht. Sie werden sehen, daß Sie auch ohne Zigaretten Ihr Wunschgewicht beibehalten. Falls Sie Sportler, Jogger oder dergleichen sind, werden Sie merken, daß Sie von Tag zu Tag mehr leisten, daß Sie besser durchatmen können, daß Ihr Husten verschwindet und daß Sie sich gesünder fühlen. Machen Sie sich selber das Geschenk, nicht mehr zu rauchen. Denken Sie an die Vorteile und gönnen Sie sich jeden Tag etwas, wenn sie durchgehalten haben. Sie haben es sich verdient.

Sie gewinnen ein neues Gefühl des Selbstvertrauens und verringern das Risiko, in der Mitte des Lebens von einer chronischen Krankheit befallen zu werden und vielleicht daran zu sterben. Gehen sie mit Ihrem Körper und mit Ihrer Gesundheit sensibel um. Sie werden sehen, es lohnt sich. Wenn man Leuten erzählen würde, sie dürften an einer Briefmarke nicht lecken, weil ein krebserzeugendes Mittel darin ist, würde keiner mehr eine Briefmarke berühren. Aber Zigaretten, wo ganz klar auf der Packung steht, daß sie gesundheitsgefährdend sind, konsumieren wir trotzdem. Wir protestieren gegen Abgase und Ozonlöcher und schimpfen über alle krebserzeugenden Mittel, die es gibt. Ein Krebskranker verliert seine Glaubwürdigkeit, wenn er weiter raucht, obwohl er leben will. Das Rauchen aufzugeben ist kein Opfer, und es lohnt sich.

Nachwort

Nachdem ich dieses Buch beendet hatte, glaubte ich, keine Ängste mehr zu haben. Doch weit gefehlt. Angst habe ich immer noch. Mal mehr, mal weniger. Einige Dinge sind mir ganz klar geworden. Es fällt mir schwer, mit Menschen zusammen zu sein, die nur an der Oberfläche plätschern. Sonntagsgespräche und Sonntagsfreunde sind mir zutiefst zuwider. Menschen, die hinter jedem Satz lachen, die es jedem recht machen wollen, lassen mich gleichgültig. Ich will nicht mehr mit ihnen zusammen sein. Ich will nur noch mit Menschen zusammen sein, die auch etwas erlebt haben, was sie geformt hat. Und die immer wieder etwas erleben, das sie immer wieder neu formt. Menschen, die einmal durch die Hölle einer lebensbedrohenden Krankheit gegangen sind, haben eine Tiefe, die mich anzieht. Es ist etwas, das sich nicht beschreiben läßt. Etwas, das man ganz einfach spürt.

So ist es für mich immer wieder positiv, mit Krebskranken zu arbeiten. Sie geben mir meist mehr Anregungen und Erfahrungen als die sogenannten Gesunden. Doch wenn ich auch diese schwere Krankheit – hoffentlich – bewältigt habe und ich auch vielen Menschen bei der Bewältigung ihres Leiden geholfen habe, so hat all dies das Leben für mich nur noch geheimnisvoller gemacht. Das Rätsel des Lebens habe ich noch nicht gelöst.

Gibt es eines zu lösen? Ich weiß es nicht. Gilt es nicht ganz einfach nur zu lieben und zu leben? Meine Erfahrung der eigenen Sterblichkeit fasziniert mich. Doch die Gewißheit, ein kleiner vergänglicher und gar nicht so wichtiger Partikel im Universum zu sein, macht mir in manchen Augenblicken riesige Angst. Ich denke aber, wir sollten die eigene psychische Begrenztheit nicht zu tragisch nehmen. Es ist unsinnig, sich den Tod zu schwer zu machen, denn so oder so, ob mit oder ohne Krebs: Man kann ihm nicht ausweichen.

Anhang

Beratungsstellen

Allgemeine Patientenberatung

Medizinisches Informations- und
Kommunikationszentrum
Gesundheitsladen München e. V.
Auenstraße 31
80469 München
Tel. 089/77 25 65

Patientenberatungsstelle
Heidberg 42
22301 Hamburg
Tel. 040/2 79 64 65

Patientenstelle Bielefeld im
Gesundheitsladen e. V.
Meller Straße 46
33613 Bielefeld
Tel. 0521/13 35 61

Verbraucherzentrale Berlin
Patientenberatung
Bayreuther Straße 40
10787 Berlin
Tel. 030/21 90 72 32

AG Zu Hause sterben
c/o Evang. Fachhochschule
Blumhardtstraße 2
30625 Hannover
Tel. 0511/66 47 26

Bundesverband
ambulante Dienste e.v.
Goethestraße 49
45130 Essen
Tel. 0201/78 39 77

Deutsche Hospizhilfe e. V.
Reit 25
21244 Buchholz
Tel. 04181/3 88 55

OMEGA mit dem Sterben leben e. V.
Postfach 1407
34334 Hannoversch Münden
Tel. 05541/53 56 und 48 81

Ernährungsberatung

Deutsche Gesellschaft für
Ernährung e. V.
Feldbergstraße 28
60323 Frankfurt
Tel. 069/97 14 06-0

Schmerzberatung

Deutsche Schmerzhilfe e. V.
Bundesverband
Woldsenweg 3
20248 Hamburg
Tel. 040/46 56 46

Allgemeine Beratung bei Krebs

Deutsche Krebshilfe e. V.
Thomas-Mann-Straße 40
53111 Bonn
Tel. 0228/72 99 00

Deutsche Krebsgesellschaft e. V.
Paul-Ehrlich-Straße 41
60596 Frankfurt
Tel. 069/63 91 30

Arbeitsgemeinschaft für Krebsbekämpfung der Träger der gesetz-
lichen Kranken- und Renten-
versicherung im Lande NW
Universitätsstraße 140
44799 Bochum
Tel. 0234/3 04 89 08

Gesellschaft für Biologische Krebs-
abwehr e. V.
Hauptstraße 27
69117 Heidelberg
Tel. 06221/15 15 25

Krebsinformationsdienst am
Deutschen Krebsforschungszentrum
Heidelberg
Im Neuenheimer Feld 280
69120 Heidelberg
Tel. 06221/41 01 21
Mo bis Fr 8.00 bis 20.00 Uhr

Magdeburger Krebsliga e. V.
Kontakt- und Beratungsstelle
Medizinische Akademie-
Frauenklinik
Gerhart-Hauptmann-Straße 35
39108 Magdeburg
Tel. 0391/3 02 32-2 90

DPWV Krebsberatungsstelle
Frankfurt
Auf der Körnerwiese 5
60322 Frankfurt
Tel. 069/59 05 69

Regionale Beratungsstellen

Baden-Württemberg:
Krebsverband Baden-Württemberg
e.v.
Adalbert-Stifter-Straße 105
70437 Stuttgart
Tel. 0711/8 48 28 56

Bayern:
Bayerische Krebsgesellschaft e.v.
Tumblinger Straße 4
80337 München
Tel. 089/53 11 75

Berlin:
Berliner Krebsgesellschaft e. V.
Robert-Koch-Platz 7
10115 Berlin
Tel. 030/2 83 24 00

Brandenburg:
Gesellschaft zur Bekämpfung der
Krebskrankheiten Brandenburg e. V.
Heinrich-Mann-Allee 103, Haus 16
14473 Potsdam
Tel. 0331/2 10 12

150

Bremen:
Deutsche Krebsgesellschaft Bremen
e. V.
Rembertistraße 99
28195 Bremen
Tel. 0421/32 51 69

Hamburg:
Hamburger Krebsgesellschaft e. V.
Martinistraße 52
20251 Hamburg
Tel. 040/4 60 42 22

Hessen:
Hessische Krebsgesellschaft e. V.
Heinrich-Heine-Straße 44–46
35039 Marburg
Tel. 06421/6 33 24

Mecklenburg-Vorpommern:
Deutsche Krebsgesellschaft
Mecklenburg-Vorpommern e. V.
Krankenhaus Schwerin
Werder Straße 30
19055 Schwerin
Tel. 0385/581 28 86

Niedersachsen:
Niedersächsische Krebsgesellschaft
e. V.
Königstraße 27
30175 Hannover
Tel. 0511/3 88 52 62

Nordrhein-Westfalen:
Gesellschaft zur Bekämpfung der
Krebskrankheiten des Landes NRW
e. V.
Johannes-Weyer-Straße 1
40225 Düsseldorf
Tel. 0211/33 00 15

Rheinland-Pfalz:
Krebsgesellschaft Rheinland-Pfalz
e. V.
Schloßstraße 8
56068 Koblenz
Tel. 0261/5 60 68

Saarland:
Landesverband für Krebs-
bekämpfung und Krebsforschung
im Saarland e. V.
Caritas-Klinik St. Theresia
Rheinstraße 2
66113 Saarbrücken
Tel. 0681/40 64 15 01

Sachsen:
Sächsische Krebsgesellschaft e. V.
Städt. Klinikum Heinrich Braun
Karl-Keil-Straße 35
08060 Zwickau
Tel. 0375/52 33 23

Sachsen-Anhalt:
Deutsche Krebsgesellschaft
Sachsen-Anhalt e. V.
Chirurgische Universitäts-Klinik
Ernst-Grube-Straße 40
06120 Halle
Tel. 0345/67 23 14. 67 23 15

Schleswig-Holstein:
Schleswig-Holsteinische Krebs-
gesellschaft e. V.
Flämische Straße 6–10
24103 Kiel
Tel. 0431/9 60 12

151

Thüringen:
Thüringische Krebsgesellschaft e. V.
Klinik für Innere Medizin
Nordhäuser Straße 74
99089 Erfurt
Tel. 0361/79 28 44

**Krebsnachsorge und psycho-
soziale Beratung**

Verein Krebsnachsorge Braun-
schweig e. V. – Geschäftsstelle und
Beratungsstelle
Husarenstraße 78
38102 Braunschweig
Tel. 0531/7 82 87, 7 88 84

Interessengemeinschaft der Krebsnachsorge des Landes Bremen e. V.
Landwehrstraße 60
28217 Bremen
Tel. 0421/396 30 66, Mo bis Do 10
bis 17 Uhr

Genesendenhilfe e. V.
Steindamm 87
20099 Hamburg
Tel. 040/24 69 05, 24 69 76
Mo bis Fr 9 bis 15 Uhr

Deutsche Krebsgesellschaft
Psychosoziale Krebsberatungsstelle
Paul-Ehrlich-Straße 41
60596 Frankfurt
Tel. 069/630 09 60

Psychosoziale Beratungsstelle für
Krebskranke und Angehörige
Selbsthilfe Krebs e. V.
10709 Berlin

Tel. 030/8 93 54 29
(Angehörige) 8 91 40 49

Psychosoziale Nachsorge-
einrichtung und Fortbildungs-
seminar an der Chirurgischen
Universitätsklinik Heidelberg
Im Neuenheimer Feld 155
69120 Heidelberg
Tel. 06221/56 27 27

Bundesverband der Angehörigen
psychisch Kranker e. V.
Geschäftsstelle
Thomas-Mann-Straße 49 a
53111 Bonn
Tel. 0228/63 26 46

Deutsche Gesellschaft für
Lymphologie
Haslachstraße 37
79868 Feldberg-Falkau
Tel. 07655/80 09-254
(Anschriften von Lymphdrainage-
therapeuten)

Deutscher Verband für Physio-
therapie
Zentralverband der Kranken-
gymnasten (ZVK) e. V.
Deutzer Freiheit 72–74
50679 Köln
Tel. 0221/88 40 31

Verband der Beschäftigungs- und
Arbeitstherapeuten (Ergothera-
peuten) e. V. – Geschäftsstelle
Mittelweg 8
76303 Karlsbad-Ittersbach
Tel. 07248/63 28

Vereinigung der Deutschen
Plastischen Chirurgen e. V.
Englschalkinger Straße 77
81925 München
Tel. 089/92 70-20 31
(Für Patienten. die nach der
Therapie plastische Operationen
benötigen)

Deutscher Bundesverband für
Logopädie e. V.
Augustinusstraße 9 d
50226 Frechen
Tel. 02234/69 11 53

Bundesarbeitsgemeinschaft für
Rehabilitation
Walter-Kolb-Straße 9–11
60594 Frankfurt
Tel. 069/60 50 18-0

Deutsche Vereinigung zur Rehabilitation Behinderter e. V.
Friedrich-Ebert-Anlage 9
69117 Heidelberg
Tel. 06221/2 54 85

Deutscher Behinderten-
Sportverband e. V.
Friedrich-Alfred-Straße 10
47055 Duisburg
Tel. 0203/7 38 16 20

NAKOS – Nationale Kontakt- und
Informationsstelle zur Anregung
und Unterstützung von Selbsthilfegruppen
Albrecht-Achilles-Straße 65
10709 Berlin
Tel. 030/8 91 40 19

Regionale Adressen können auch in
den örtlichen Telefonbüchern, bei
Versorgungsämtern oder bei Verwal-
tungsbehörden ermittelt werden;
weitere Auskünfte gibt auch die
Telefonseelsorge. In manchen Städ-
ten haben die Gesundheitsämter
Beratungsstellen für Krebspatienten eingerichtet. In beruflichen Fragen geben der Betriebs- und Perso-
nalrat oder der Vertrauensmann für
Schwerbehinderte Auskunft. Krebspatienten können verschiedene
gesetzliche Leistungen beanspru-
chen und auch gegenüber dem
Finanzamt abzugsfähige Beträge in
der Lohnsteuer- bzw. Einkommen-
steuererklärung einsetzen.
Informationen erteilen: Hausarzt,
Versorgungsämter. Gesundheitsämter. Tumorzentren oder auch
Selbsthilfegruppen.

Tumorzentren

Aachen:
Tumorzentrum Aachen e. V.
im Klinikum der TH Aachen
Pauwelstraße 30
52074 Aachen
Tel. 0241/80 89-1 64 od. -8 99

Berlin:
Tumorzentrum Berlin e. V.
Hindenburgdamm 30
12230 Berlin
Tel. 030/8 34-10 40

Bonn:
Tumorzentrum Bonn e. V.
Sigmund-Freud-Straße 25
53127 Bonn
Tel. 0228/2 80-38 02

Bremen:
Tumorzentrum Bremen e. V.
St.-Jürgen-Straße
28205 Bremen
Tel. 0421/4 97-53 35

Chemnitz:
Tumorzentrum Chemnitz
Radiologische Klinik, Klinikum
Küchwald
Bürgerstraße 3
09113 Chemnitz
Tel. 0371/33 27 02 od. 33 27 00

Cottbus:
Tumorzentrum Cottbus
Carl-Thiem-Klinikum
Thiemstraße 111
03048 Cottbus
Tel. 0355/46 24 62 od. 46 28 41

Dresden:
Tumorzentrum Dresden e. V.
Med. Akademie „Carl-Gustav-Carus"
Haus 25, Zi. 269
Fetscherstraße 74
01307 Dresden
Tel. 0351/4 58-44 70

Düsseldorf:
Tumorzentrum Düsseldorf
Moorenstraße 5
40225 Düsseldorf
Tel. 0211/3 11-77 32

Erfurt:
Tumorzentrum Erfurt
Medizinische Akademie Erfurt
Nordhäuser Straße 74
99089 Erfurt
Tel. 0361/79 27 50 od. 79 28 52

Erlangen-Nürnberg:
Tumorzentrum Erlangen-Nürnberg
Bohlenplatz 6
91054 Erlangen
Tel. 09131/85-40 15

Essen:
Westdeutsches Tumorzentrum Essen
Hufelandstraße 55
45147 Essen
Tel. 0201/723-20 00, -20 01, -20 02

Frankfurt:
Tumorzentrum Frankfurt
Theodor-Stern-Kai 7
60596 Frankfurt
Tel. 069/63 01-53 38

Freiburg:
Tumorzentrum Freiburg
Hugstetter Straße 55
79106 Freiburg
Tel. 0761/270-33 12, -33 02, -20 98

Gießen:
Tumorzentrum Gießen
Langhansstraße 2
35392 Gießen
Tel. 0641/7 02-45 07

Görlitz:
Tumorzentrum Ostsachsen e. V.
OSP am Klinikum Görlitz
Girbirgsdorfer Straße 1–3
02828 Görlitz
Tel. 03581/39 00 00

Göttingen:
Tumorzentrum Göttingen
Universitätsklinikum
Robert-Koch-Straße 40
37075 Göttingen
Tel. 0551/39-95 15, -95 16, -95 17

Greifswald:
Tumorzentrum Greifswald
Universitäts-Kinderklinik
Soldtmannstraße 15
17489 Greifswald
Tel. 03834/7 53 57

Halle:
Tumorzentrum Halle
Advokatenweg 37
06114 Halle
Tel. 0345/4 62 87 57

Hamburg:
Tumorzentrum Hamburg
Universitätskrankenhaus
Eppendorf
Martinistraße 52
20251 Hamburg
Tel. 040/47 17 39 62, 47 17 29 60

Hannover:
Tumorzentrum Hannover
Medizinische Hochschule
Konstanty-Gutschow-Straße 8
30625 Hannover
Tel. 0511/5 32-50 60

Heidelberg/Mannheim:
Tumorzentrum Heidelberg/
Mannheim
im Neuenheimer Feld 110/105
69120 Heidelberg
Tel. 06221/47 26 45, 56 65 58,
56 65 59

Homburg/Saar:
Tumorzentrum Homburg/Saar
Postfach
66424 Homburg
Tel. 06841/16-74 32

Jena:
Tumorzentrum Jena e. V.
Institut für Pathologie
Ziegelmühlenweg 1
07743 Jena
Tel. 03641/8 22 31 14

Kiel:
Tumorzentrum Kiel
Universitätsklinikum
Niemannsweg 4
24105 Kiel
Tel. 0431/5 97-29 13 od. -29 16

Köln:
Tumorzentrum Köln
Joseph-Stelzmann-Straße 9
50931 Köln
Tel. 0221/4 78-50 01

Leipzig:
Tumorzentrum Leipzig
Chirurgische Universitäts-Klinik
Liebigstraße 20 a
04103 Leipzig
Tel. 0341/3 97-6 32

Lübeck:
Tumorzentrum Lübeck e. V.
Kronsforder Allee 71–73
23560 Lübeck
Tel. 0451/53 05-4 02

Magdeburg:
Tumorzentrum Magdeburg
Medizische Akademie Magdeburg,
Innere Medizin
Leipziger Straße 44
39120 Magdeburg
Tel. 0391/67 32 66

Mainz:
Tumorzentrum Mainz
Am Pulverturm 13
55131 Mainz
Tel. 06131/17-30 01, -30 03, -22 44

Marburg:
Tumorzentrum Marburg
Klinikum Lahnberge
Baldingerstraße
35043 Marburg
Tel. 06421/28-43 61

München:
Tumorzentrum München

Maistraße 11
80337 München
Tel. 089/51 60-22 38

Münster:
Tumorzentrum Münsterland e. V.
Institut für Pathologie
Domagkstraße 17
48149 Münster
Tel. 0251/83-86 24

Oldenburg:
Tumorzentrum Weser-Ems e. V.
Huntestraße 14
26135 Oldenburg
Tel. 0441/21 00 60

Potsdam:
Tumorzentrum Potsdam
Klinikum Ernst von Bergmann
Charlottenstraße 72
14467 Potsdam
Tel. 0351/41 28 26

Regensburg:
Tumorzentrum Regensburg e. V.
Franz-Josef-Strauß-Allee 11
93042 Regensburg
Tel. 0941/9 44-66 43

Rostock:
Tumorzentrum Rostock
Südring 75
18059 Rostock
Tel. 0381/ 4 40 56 29

Schwerin:
Tumorzentrum Schwerin
Pathologisches Institut
Werderstraße 30
19055 Schwerin
Tel. 0385/51 41

Tübingen:
Tumorzentrum Tübingen
Universität Tübingen
Herrenbergerstraße 23
72070 Tübingen
Tel. 07071/29-52 35, -52 36

Ulm:
Tumorzentrum Ulm
Oberer Eselsberg
89081 Ulm
Tel. 0731/1 76-33 33

Würzburg:
Tumorzentrum Würzburg
Klinikstraße 8
97070 Würzburg
Tel. 0931/3 14 44

Zwickau:
Tumorzentrum Zwickau, Südwest-
Sächsisches Tumorzentrum
Karl-Keil-Straße 35
08060 Zwickau
Tel. 0375/52 33 23

Selbsthilfeorganisationen (Erwachsene)

Frauenselbsthilfe nach Krebs e. V.
Bundesverband
B 6, 10/11
68159 Mannheim
Tel. 0621/2 44 34
Der Bundesverband kann die
Anschriften von über 320
regionalen Gruppen vermitteln

Landesverband Baden-
Württemberg
Marktplatz 10
78647 Trossingen
Tel. 07425/2 74 16

Landesverband Brandenburg
Straße der DSF 14
16303 Schwedt/Oder
Tel. 03332/51 19 71

Landesverband Hessen
Schloßgartenplatz 14
64289 Darmstadt
Tel. 06151/16 38 28

Landesverband Mecklenburg-
Vorpommern
Neustadt 12
17440 Lassen
Tel. 038374/8 01 50

Landesverband Niedersachsen
Auf der Höhe 30
37444 St. Andreasberg
Tel. 05582/10 16

Landesverband Nordrhein-
Westfalen
Oemberg 53
45481 Mülheim
Tel. 0208/48 86 04

Landesverband Rheinland-Pfalz
Dr.-Martin-Luther-Straße 4 a
67259 Beindersheim
Tel. 06233/7 12 71

Landesverband Sachsen
Jägerstraße 18
01705 Freital
Tel. 0351/64 27 29

Landesverband Sachsen-Anhalt
Kavalierstraße 45
06844 Dessau
Tel. 0340/22 31

Landesverband Thüringen
C.-v.-Brueger-Straße 22
07749 Jena
Tel. 03641/2 25 62, abends 2 59 75

Deutsche Ileostomie-Colostomie-
Urostomie-Vereinigung (ILCO)
Bundesgeschäftsstelle
Kepserstraße 50
85356 Freising
Tel. 08161/8 49 09, 8 49 11
vormittags
Die Bundesgeschäftsstelle kann die
Anschriften von etwa 230 regio-
nalen Gruppen und von speziali-
sierten Ärzten vermitteln (ILCO;
Patienten mit künstlichem Darm-
oder Blasenausgang)

Landesverband Baden-
Württemberg
Goethestraße 38
72525 Münsingen
Tel. 07381/5 16

Landesverband Bayern
Ilsungstraße 1
86161 Augsburg
Tel. 0821/57 87 53

Landesverband Berlin/
Brandenburg
Karl-Frank-Straße 22
12587 Berlin
Tel. 030/6 45 71 67

ILCO-Region Bremen, Hamburg
und Schleswig-Holstein
Hans-Thoma-Straße 27
28209 Bremen
Tel. 0421/34 45 48

Landesverband Hessen
Wöllstädter Straße 17
60385 Frankfurt
Tel. 069/45 94 03

Landesverband Mecklenburg-
Vorpommern
– siehe Berlin/Brandenburg –

ILCO-Region Niedersachsen
Im Wiesengrund 4
26129 Oldenburg
Tel. 0441/5 77 24

Landesverband Nordrhein-
Westfalen
Lahnstraße 13
42579 Heiligenhaus
Tel. 02056/2 12 88

Landesverband Rheinland-Pfalz/
Saarland
Im Rosengarten 1
76863 Herxheim-Hayna
Tel. 07276/4 90

Landesbeauftragter Sachsen-Anhalt
Kavalierstraße 58
06844 Dessau
Tel. 0340/21 31 01

Landesbeauftrager Sachsen
Carl-von-Ossietzky-Straße 105
09127 Chemnitz
Tel. 0371/58 39 29

Landesbeauftragter Thüringen
Novalisstraße 31
07747 Jena-Lobeda
Tel. 03641/39 31 42

Bundesverband der Kehlkopflosen
e. V.
Obererle 65
45897 Gelsenkirchen
Tel. 0209/59 22 82, Mo–Fr 9–13

Landesverband Baden-
Württemberg
Nußdorfer Straße 12
70435 Stuttgart
Tel. 0711/8 26 35 19

Landesverband Bayern
Schmellerstraße 20
80373 München
Tel. 089/7 25 17 89

Landesverband Brandenburg
Sächsischer Ring 8
03172 Guben
Tel. 03561/5 22 47

Landesverband Bremen
Striegauer Straße 2
28844 Weye-Lahausen
Tel. 04203/91 57

Landesverband Hamburg
Hofkoppel 3
23795 Weede
Tel. 04551/9 15 82

Landesverband Hessen
Am Breul 43
61194 Niddatal-Kaichen
Tel. 06187/2 74 12

Landesverband Mecklenburg-
Vorpommern
Röbeler Chaussee 48
17192 Waren-Müritz
Tel. 0391/12 19 32

Landesverband Niedersachsen
Deister-Allee 36
31848 Bad Münder
Tel. 05042/60 22 52

Landesverband Nordrhein-
Westfalen
Weidenweg 50
47059 Duisburg
Tel. 0203/31 40 40

Landesverband Rheinland-Pfalz
Burgstraße 7
65594 Runkel
Tel. 06482/44 14

Landesverband Saarland
Lilienstraße 46
66299 Bildstock
Tel. 06897/8 71 98

Landesverband Sachsen
Fr.-Hähnel-Straße 9
09120 Chemnitz
Tel. 0371/22 11 18

Landesverband Sachsen-Anhalt
Karl-Marx-Straße 29
38855 Wernigerode
Tel. 03943/2 43 10

Landesverband Schleswig-Holstein
Allgäuer Straße 8
24146 Kiel
Tel. 0431/78 22 30

Landesverband Thüringen
Bertolt-Brecht-Straße 9
04600 Altenburg
Tel. 03447/50 00 55

Selbsthilfegruppe für Erkrankte an
Haarzell-Leukämie
Wildensteinstraße 15
38642 Goslar
Tel. 05321/8 10 03

Arbeitskreis der Pankreatektomier-
ten e. V. – Zentrale Beratungsstelle
Krefelder Straße 52
41539 Dormagen
Tel. 02133/4 23 29

Deutsche Gesundheitshilfe Magen
+ Darm
Postfach 94 03 03
60461 Frankfurt
Tel. 069/7 89 47 47

Deutsche Leberhilfe e. V.
Gesmolder Straße 27
49324 Melle
Tel. 05422/4 44 99

Kaposi-Sarkom:
Deutsche AIDS-Hilfe e. v.
Dieffenbachstraße 33
10967 Berlin
Tel. 030/69 00 87-0

S.E.L.P. Selbsthilfevereinigung zur
Unterstützung erwachsener
Leukämiepatienten e. V.
Münsterstraße 7
48167 Münster-Wolbeck
Tel. 02506/67 68

Hoffnung – Selbsthilfeorganisation
Knochenmarktransplantation
Hilfe für leukämie- und tumor-
kranke Menschen 1992 e. V.
Westerwaldstraße 1
13589 Berlin
Tel. 030/3 71 36 40

DKMS Knochenmarkspenderdatei
gemeinnützige GmbH
Kreuzstraße 52
72074 Tübingen
Tel. 07071/8 44 00

Deutsche Arbeitsgemeinschaft
Selbsthilfegruppen
Friedrichstraße 28
35392 Gießen
Tel. 0641/7 02 24 78

Selbsthilfeorganisationen (Kinder)

Kindernetzwerk e. V. für kranke
und behinderte Kinder und
Jugendliche in der Gesellschaft
Hanauer Straße 15
63739 Aschaffenburg
Tel. 06021/1 20 30

Stiftung Hilfswerk für behinderte
Kinder
Wielandstraße 4
53273 Bonn
Tel. 0228/83 11

Grace P. Kelly Vereinigung zur
Unterstützung der Krebsforschung
für Kinder e. V.
Wagnerstraße 7
75365 Calw-Heumaden
Tel. 07051/1 32 46

Deutsche Leukämie-Forschungs-
hilfe (DLFH) Aktion für krebskranke Kinder e. V. – Dachverband
Joachimstraße 20
53113 Bonn
Tel. 0228/22 18 33

Aktionskomitee Kind im Krankenhaus e. V. – Bundesgeschäftsstelle
Kirchstraße 34
61440 Oberursel
Tel. 06172/30 36 00

Regionale Kontaktstellen

Aachen:
Förderkreis Hilfe für krebskranke
Kinder e. V.

Kullenhofstraße 52
52074 Aachen
Tel. 0241/8 61 31

Augsburg:
Elterninitiative krebskranker
Kinder
Augsburg e. V.
Postfach 11 04 38
86029 Augsburg
Tel. 0821/52 54 07

Berlin:
Kinderhilfe – Hilfe für leukämie-
und tumorkranke Kinder e. V.
Grimmelshausenstraße 29
14089 Berlin
Tel. 030/3 65 25 96

Bonn:
Förderkreis für Tumor- und
Leukämiekranke Kinder e. V.
Joachimstraße 20
53113 Bonn
Tel. 0228/21 51 31

Bottrop:
DLFH-Aktion für krebskranke
Kinder, Bottrop
Bussardweg 8
58579 Schalksmühle
Tel. 02355/35 49, 34 70

Bremen:
Elternverein Leukämie- und
Tumorkranke Kinder Bremen e. V.
Osterholzer Möhlendamm 18
28325 Bremen
Tel. 0421/42 40 07

Chemnitz:
Elternverein krebskranker Kinder
e. V. Chemnitz
Hilbersdorfer Straße 40
09131 Chemnitz
Tel. 0371/42 08 99

Coburg:
Elterninitiative krebskranker
Kinder Coburg e. V.
Hutstraße 65 a
96450 Coburg
Tel. 0951/3 65 73

Cottbus:
Elterninitiative krebskranke
Kinder e. V.
Hans-Beimler-Straße 1 A
03042 Cottbus
Tel. 0355/72 60 84

Dortmund:
Elterntreff – Leukämie- und
Tumorerkrankter Kinder e. V.
Tiefe Mark 37
44287 Dortmund
Tel. 0231/48 35 17

Dresden:
Förderkreis für krebskranke Kinder
e. V.
Gerokstraße 11/803
01307 Dresden
Tel. 0351/4 11 07 88

Düsseldorf:
Elterninitiative Kinderkrebsklinik
e. V. Düsseldorf
Bunzlauer Weg 31
40610 Düsseldorf
Tel. 0211/27 99 98

Ennepetal:
Henri Thaler e. V. Selbsthilfe für
Eltern krebskranker Kinder
Kalkstraße 17
58256 Ennepetal
Tel. 02333/7 48 47

Erfurt:
Elterngruppe krebskranker Kinder
in Erfurt
Ringbergstraße 15
98528 Suhl
Tel. 03681/4 08 05, ab 19.00 Uhr

Erlangen:
Elterninitiative krebskranker
Kinder Erlangen e. V.
Schiffstraße 13
91054 Erlangen
Tel. 09131/2 19 30

Essen:
Elterninitiative zur Unterstützung
krebskranker Kinder in Essen e. V.
Kaulbachstraße 10
45147 Essen
Tel. 0201/73 40 48

Frankfurt:
Hilfe für krebskranke Kinder
Frankfurt e. V.
Komturstraße 4
60528 Frankfurt
Tel. 069/67 10 33, 67 10 34

Freiburg:
Förderverein für krebskranke
Kinder e. V. Freiburg
Mathildenstraße 4
79106 Freiburg
Tel. 0761/27 52 42

Gelsenkirchen:
Freundeskreis krebskranker Kinder
in Herten
Vossweg 20
45896 Gelsenkirchen
Tel. 0209/6 56 60

Gießen:
DLFH-Aktion für krebskranke
Kinder, Gießen
Stettiner Ring 11
61381 Friedrichsdorf
Tel. 06172/7 45 00

Göttingen:
Elternhilfe für das krebskranke
Kind Göttingen e. V.
Zur Scharfmühle 68
37083 Göttingen
Tel. 0551/79 57 09

Greifswald:
Greifswalder Förderkreis krebs-
kranker Kinder e. V.
Geschwister-Scholl-Straße 18
17373 Ueckermünde
Tel. 039771/75 24

Hagen:
AK krebskranker Kinder und
Jugendlicher im deutschen Kinder-
schutzbund
Riegestraße 19
58091 Hagen
Tel. 02331/7 75 88 + 7 79 88

Halle:
Verein zur Förderung krebskranker
Kinder Halle e. V.
Fuchsberger Straße 13
06120 Halle
Tel. 0345/2 27 01

Hamburg:
Fördergemeinschaft Kinder
Krebs-Zentrum
Klosterstieg 15
20149 Hamburg
Tel. 040/44 66 55

und
Eltern-Selbsthilfegruppe Hamburg
Groten Hoff 13
22359 Hamburg
Tel. 040/6 03 84 87

Hannover:
Verein zur Förderung der Behand-
lung krebskranker Kinder e. V.
Brabeckstraße 56
30559 Hannover
Tel. 0511/52 36 56

Heidelberg:
DLFH-Aktion für krebskranke
Kinder, Heidelberg
Silcherstraße 17
74937 Spechbach
Tel. 06226/4 03 33

Heilbronn:
Elterninitiative für krebskranke
Kinder Heilbronn e. V.
Austraße 11
74831 Grundelsheim
Tel. 07136/75 27

Jena:
Elterninitiative für krebskranke
Kinder Jena e. V.
Ibrahimstraße 16
07745 Jena
Tel. 03641/2 45 98

Kaiserslautern:
Elterngrupe leukämie- und tumor-
kranker Kinder Kaiserslautern
Wiesenstraße 23 a
67697 Otterberg

Karlsruhe:
Förderverein für krebskranke
Kinder Karlsruhe e. V.
Neuestraße 12
76477 Elchesheim-Illingen
Tel. 07245/41 49

Kassel:
Verein für krebskranke Kinder
Kassel e. V.
Kölnische Straße 84
34117 Kassel
Tel. 0561/6 84 99

Kempten:
Förderkreis für krebskranke Kinder
im Allgäu e. V.
Leutkircher Straße 24
87439 Kempten
Tel. 0831/8 57 55

Kiel:
Förderkreis für krebskranke Kinder
und Jugendliche Kiel e. V.
Diesterweg 34
24113 Kiel
Tel. 0431/68 58 23

Koblenz:
Elterninitiative krebskranker
Kinder Koblenz e. V.
Marienstraße 43
56341 Kamp-Bornhofen
Tel. 06773/6 67

Köln:
Förderverein für krebskranke
Kinder Köln e. V.
Ölbergstraße 20
50939 Köln
Tel. 9221/430 14 33

Konstanz:
Förderkreis krebskranke Kinder
in Konstanz
Theodor-Heuss-Straße 28
78467 Konstanz
Tel. 07531/6 60 93

Krefeld:
Verein zugunsten krebskranker
Kinder in Krefeld e. V.
An der Welt 53
47807 Krefeld
Tel. 0251/30 66 44 + 30 23 93

Leer:
Elterninitiative für krebskranke
Kinder und Angehörige
Fettpottweg 27
26789 Leer/Ostfriesland
Tel. 0491/7 15 38

Leipzig:
Elternhilfe für krebskranke Kinder
Leipzig e. V.
Holbeinstraße 77
04229 Leipzig
Tel. 0341/4 79 95 52

Lübeck:
Hilfe für krebskranke Kinder
Lübeck e. V.
Ziegelstraße 187 E
23556 Lübeck
Tel. 0451/89 36 27

Ludwigsburg:
Elterngruppe für krebskranke
Kinder und Jugendliche
Ludwigsburg e. V.
Achalmstraße 6
71696 Möglingen
Tel. 07141/48 22 81

Ludwigshafen:
DLFH-Aktion für krebskranke
Kinder, Pfalz
Albrecht-Dürer-Ring 17
67227 Frankenthal
Tel. 06233/4 37 47

Lüneburg:
Selbsthilfegruppe für Eltern
mit krebskranken Kindern
Lerchenweg 14
21376 Salzhausen
Tel. 04172/75 27

Magdeburg:
Magdeburger Förderkreis krebs-
kranker Kinder e. V.
Halberstädter Straße 13
Kinderklinik
39112 Magdeburg
Tel. 0391/67 72 77

Mainz:
Förderverein für Tumor- und
Leukämie-kranke Kinder e. V.
Am Linsenberg 14
55131 Mainz
Tel. 06131/23 72 34

Mannheim:
DLFH-Aktion für krebskranke
Kinder, Mannheim
Im Wirbel 62
68219 Mannheim
Tel. 0621/87 19 68

Marburg:
Elterninitiative für Leukämie und
Tumor-kranke Kinder Marburg e. V.
Jahnstraße 10
35075 Gladenbach
Tel. 06462/74 10

Minden:
Initiative Eltern krebskranker
Kinder, Kinderklinik Minden
Portastraße 7-9
32423 Minden

Mönchengladbach:
DLFH-Aktion für krebskranke
Kinder, Mönchengladbach
Odenkirchner Straße 289
41236 Mönchengladbach
Tel. 02166/4 09 07

München:
Elterninitiative krebskranker
Kinder
München e. V.
Kapuzinerstraße 31
80337 München
Tel. 089/2 71 42 36

EKIKO-Gruppe krebskranker
Kinder München
Säckingenstraße 22
81545 München
Tel. 089/64 78 41

Elterninitiative Intern 3 e. V.
im Haunerschen Kinderspital
München
Birkenweg 7
85229 Markt Indersdorf
Tel. 08136/10 78

165

Münster:
Verein zur Förderung krebskranker
Kinder Münster e. V.
Am Broggarten 1 G
48167 Münster
Tel. 02506/14 02

Nordenham:
„Fussel" Hilfe für krebskranke
Kinder e. V.
Sielstraße 30
26954 Nordenham
Tel. 04731/58 94

Nürnberg:
Elterninitiative krebskranker Kin-
der
Nürnberg e. V.
Hintere Cramergasse 19
90478 Nürnberg
Tel. 0911/49 22 09

Recklinghausen:
Elterninitiative tumorerkrankter
Kinder der Vestischen Kinderklinik
Grullbadstraße 18
45661 Recklinghausen
Tel. 02361/65 36 11

Saarbrücken:
Elterngruppe krebskranker Kinder
Saarbrücken-Winterberg e. V.
Johannisstraße 15
66111 Saarbrücken
Tel. 0681/39 97 25

Saarland:
Elterninitiative krebskranker
Kinder im Saarland e. V.
Tränkenweg 30
66540 Neunkirchen
Tel. 06821/5 25 39

Schwerin:
Elterngruppe krebskranker Kinder
Schwerin
Goesewinkler Weg 23
19059 Schwerin
Tel. 0385/89-0

Siegen:
Elterninitiative für krebskranke
Kinder Siegen e. V.
Robert-Koch-Straße 21
57462 Olpe
Tel. 02761/49 73

St. Augustin:
Elterninitiative krebskranker
Kinder St. Augustin e. V.
Am Telegraph 27
54773 Hennef
Tel. 02242/8 32 63

Stuttgart:
Förderkreis für krebskranke Kinder
e. V. Stuttgart
Büchsenstraße 22
70174 Stuttgart
Tel. 0711/29 73 56 + 29 26 62

Tübingen:
Förderkreis für krebskranke Kinder
e. V. Tübingen
Trillfinger Weg 9
72401 Haigerloch
Tel. 07474/15 17

Ulm:
Förderkreis für tumor- und
leukämiekranke Kinder Ulm e. V.
Eythstraße 12
89075 Ulm
Tel. 0731/96 60 90

Vechta:
Hilfe für krebskranke Kinder e. V.
Vechta
Schulstraße 6
49377 Vechta
Tel. 04447/3 67

Viersen:
Verein zur Unterstützung krebs-
kranker Kinder e. V.
Nettetaler Straße 61
41751 Viersen
Tel. 02153/29 03

Wiehl:
Verein zur Selbsthilfe krebskranker
Kinder und Jugendlicher
Oststraße 5
51674 Wiehl
Tel. 02262/14 83

Wolfsburg:
„Heidi" Förderverein für krebs-
kranke Kinder e. V.
Reichenberger Ring 32
38440 Wolfsburg
Tel. 05361/3 22 43

Wuppertal:
Initiative für krebskranke Kinder
e. V.
Berliner Straße 167
42277 Wuppertal
Tel. 0202/64 51 39

Würzburg:
Elterninitiative für leukämie- und
tumorkranke Kinder e. V.
Friedrichstraße 3
97082 Würzburg
Tel. 0931/41 28 44

Krebsspezialisten

Die Adressen sind nach Postleitzahlen geordnet. Das Register enthält onkologische Praxen in Deutschland.

Dr. Barbara Reiners
Kinder/Jugendonkologie
Hermannstr. 3
01219 Dresden
Tel. 0351/470 72 48

Dr. Heiner Wolf (AIO)
Thomas-Müntzer-Platz 4
01307 Dresden
Tel. 0351/441 97 25
Fax 0351/441 97 26

Dipl.-Med. Heike Arzberger
Innere Medizin/Hämatologie/
Onkologie
Questenberger Weg 38
01662 Meißen
Tel. 03521/45 73 78

Dr. Regina Dworczanski
Prakt. Ärztin/Hämatologie/
Onkologie
Molchgrund 35
01762 Schmiedeberg/Erzg.
Tel. 035052/53 08

Dr. Jens Papke (AIO)
Rosa-Luxemburg-Straße 6
01844 Neustadt/Sachsen
Tel. 03596/58 53 0
Fax 03596/58 53 49

Dipl.-Med. Norbert Dobberstein
(AIO)
Maria-Grollmuß-Straße 10
02977 Hoyerswerda
Tel. 03571/2 40 09

Dr. Ulrich von Grünhagen (AIO)
Bahnhofstraße 63
03046 Cottbus
Tel. 0335/79 71 70

Dr. Wilfried Ebert
Chirurg
Uhlandstraße 53
03050 Cottbus
Tel. 0355/53 54 53

Dr. Eva-Maria Schwabe
Hämatologie/Onkologie
Demmeringstr. 131
04179 Leipzig
0341/477 23 10

Dr. Franz Albert Hoffmann (AIO)
Eisenbahnstraße 98
04315 Leipzig
Tel. 0341/688 02 10
Fax 0341/261 09 47

Dr. Ingrid Janke
Hämatologie/Onkologie
Markt 15
04509 Delitzsch
Tel. 034202/2 14 10

Dr. Eberhard Schwittay
Hämatologie/Onkologie
August-Bebel-Straße 51
04571 Rötha
Tel. 034206/7 24 85

Dipl. Med. Christine Sachtleben
Hämatologie/Onkologie
Straße der Freundschaft 12
04654 Frohburg
Tel. 034348/5 10 42

Dr. Brigitte Waberzeck
Hämatologie/Onkologie
Franz-Mehring-Straße 7
04746 Hartha
Tel. 034328/4 13 26

Dr. Claudia Spohn
Hämatologie/Onkologie
Ludwig-Wucherer-Straße 10
06108 Halle
Tel. 0345/50 30 38

Dr. Robert Rohrberg (AIO)
Niemeyerstraße 23
06110 Halle
Fax 0345/219 88 99

Dr. K.-M. Heider
Radiologe
Niemeyerstraße 23
06110 Halle

Dipl.Med. Ralf Neumann
Innere Medizin
Steinweg 27
06110 Halle

Dr. Werner Wurbs
Internist/Hämatologe/Onkologe
Steinweg 27
06110 Halle

Dr. Hans-Jürgen Hurtz (AIO)
Niemeyerstraße 23
06110 Halle
Fax 0345/219 88 99

Dipl.-Med. Doris Geiling
Internistin/Hämatologie/Onkologie
Friedrich-Engels-Straße 47
06526 Sangerhausen
Tel. 03464/61 37 58

Dr. Gunter Gauch (AIO)
Wiesestraße 22
07548 Gera
Tel. 0365/82 41 80
Fax 0365/82 41 826

Dr. Steffen Gerhardt
Praxis Dr. Gauch
Wiesestraße 22
07548 Gera
Tel. 0365/82 41 80
Fax 0365/82 41 826

Dr. Klaus Ruffert (AIO)
Lassallestraße 8
07743 Jena
Tel. 03641/5 62 40
Fax 03641/5 62 44

Dipl.-Med. Lutz Renzihausen
Hämatologie/Onkologie
Bahnhofstraße 52
09121 Chemnitz
Tel. 0371/38 12 20

Dr. Joachim Schlosser
Gynäkologe
Klausstraße 76–80
09126 Chemnitz
Tel. 0371/5 09 21

Dr. Christian Diener
Innere Medizin/Hämatologie/
Onkologie
Lugauer Straße 1
09376 Oelmitz/Erzgebirge
Tel. 037298/546

Dr. Heide Matthes
Innere Medizin/Hämatologie
Rummelsburger Straße 13
10315 Berlin

Dr. Hans Grünhagen
Scheffelstraße 45
10369 Berlin
Tel. 030/559 70 45

Dr. Natalia Wiener (AIO)
Prenzlauer Allee 145
10409 Berlin
Tel. 030/914 48 49 65

Dr. Reimer Junkers (AIO)
Rathenower Straße 51
10559 Berlin
Tel. 030/394 20 03
Fax 030/394 84 17

Dr. Ingrid Weißenfels, Gemein-
schaftspraxis Dr. Junkers (AOI)
Rathenower Straße 51
10559 Berlin
Tel. 030/394 20 03
Fax 030/394 84 17

Dr. Uta-Maria Schmidt (AIO)
Kastanienallee 22
12627 Berlin
Tel. 030/561 80 96
Fax 030/563 00 29

Dr. Manfred Kindler
Landsberger Allee 77a
13055 Berlin
Tel. 030/971 08 10

Dr. Gerd Bauer
Seestraße 64
13347 Berlin
Tel. 030/455 09 50
Fax 030/455 09 5-25

Dr. Bernd-Rüdiger Suchy (AIO)
Genter Straße 72
13353 Berlin
Tel. 030/453 50 53
Fax 030/453 50 54

Dr. Hildegard Ihle
Gemeinschaftspraxis Dr. Blau
Badstraße 57
13357 Berlin
Tel. 030/461 48 57

Dr. Ilona Blau
Praxis Frau Dr. Ihle
Badstraße 57
13357 Berlin
Tel. 030/461 48 57

Prof. Dr. Hartmut Rühl
Onkologie/Hämatologie
Kaiserdamm 24
14057 Berlin
Tel. 030/302 10 11

Dr. Georg Günther
Internist/Hämatologe
Kurfürstenstraße 20
14467 Potsdam
Tel. 0381/280 39 35

Dr. Gisela Kehrberg
Hauptstraße 15
15848 Pfaffendorf
Tel. 033672/233 96 42

Dr. Gabriele Kurschus
Gynäkologin
Neustrelitzer Straße 101
17033 Neubrandenburg
Tel. 0395/368 02 95

Dr. Ingeborg Grau
Internistin
W.-Külz-Straße 40
17033 Neubrandenburg
Tel. 00359/368 42 44

Dr. Burkhardt Meyer
Internist/Hämatologe
Robert-Blum-Straße 1
17489 Greifswald
Tel. 03834/89 83 07

Dr. Peter Ketterer
Internist/Klinikum Südstadt –
Onk. Zentrum
Südring 81
18059 Rostock
Tel. 00381/440 16 44

Dr. Ursula Dietrich
Internistin/Pulmologin
Nobelstraße 51
18059 Rostock
Tel. 0381/44 86 35

Dr. Wolfgang Mörl, Chirurg
Am Wall 1
18273 Güstrow
Tel. 03843/68 25 36

Dr. Henning Eschenburg (AIO)
Am Wall 1
18273 Güstrow
Tel. 03843/68 10 52

Dr. Bernd Quechnan
Kieler Straße 31 a
19057 Schwerin
Tel. 00385/486 31 24

Dr. Lubinski
Gynäkologin
Kieler Straße 31 a
19057 Schwerin
Tel. 0385/486 31 13

Dr. Annette-R. Valdix
Kieler Straße 31 a
19063 Schwerin
Tel. 0385/77 00 99
Fax 0385/77 00 94

Dr. Rolf Meyer
Gynäkologe
Straße des Friedens 81
19294 Heidorf
Tel. 038758/67 07

Dr. Torsten Bock (AIO)
Bahnhofstraße 108
19322 Wittenberge
Tel. 03877/6 86 66

Dr. Ingolf von Graefe (AIO)
Speersort 8
20095 Hamburg
Tel. 040/33 55 69

Dr. Karl Verpoort
Praxis Dr. W. Zeller (AIO)
Ballindamm 3
20095 Hamburg
Tel. 040/32 43 43
Fax 040/32 43 41

Dr. Wolfgang Zeller
Praxix Dr. Verpoort (AIO)
Ballindamm 3
20095 Hamburg
Tel. 040/32 43 43
Fax 040/32 43 41

Dr. Berger
Praxis Dr. Begemann
Eppendorfer Landstraße 42
20249 Hamburg
Tel. 040/460 20 01

Dr. Begemann
Praxis Dr. Stolzenbach, Dr. Berger
Eppendorfer Landstraße 42
20249 Hamburg
Tel. 040/460 20 01

Dr. Gunter Stolzenbach
Praxis Begemann, Kort, Schulze,
Beger (AIO)
Eppendorfer Landstraße 42
20249 Hamburg
Tel. 040/260 20 01

Dr. Siegfried Drescher (AIO)
Schloßmühlendamm 16
21073 Hamburg
Tel. 040/77 53 43

Dr. Bernhard Goldmann
Im Schießgraben 5
21335 Lüneburg
Tel. 04131/3 14 77

Dr. Ernst-Ulrich Kätlitz (AIO)
Harsefelderstraße 8
21680 Stade
Tel. 04141/60 40
Fax 04141/60 41 78

Dr. Andreas Mohr (AIO)
Lerchenfeld 14
22081 Hamburg
Tel. 040/220 14 41
Fax 040/220 02 67

Dr. Hartmut Horst
Gemeinschaftspraxis
Lerchenfeld 14
22081 Hamburg
Tel. 040/220 14 43

Dr. Walter Weber
Gemeinschaftspraxis (AIO)
Lerchenfeld 14
22081 Hamburg
Tel. 040/220 14 46
Fax 040/220 02 67

Dr. Birgit Luhn
Gemeinschaftspraxis (AIO)
Lerchenfeld 14
22081 Hamburg
Tel. 040/220 14 41

Dr. Beisenherz
Praxis Professor Winckler
Oskar-Schlemmer-Straße 15
22115 Hamburg
Tel. 040/656 51 37

Professor Klaus Winckler
Praxis Dr. Beisenherz (AIO)
Oskar-Schlemmer-Straße 15
22115 Hamburg
Tel. 040/656 51 37

Dr. Dr. Lothar Hagenberg (AIO)
Hartzloh 36
22307 Hamburg
Tel. 040/630 25 00
Fax 040/632 50 13

Dr. Klaus Becker (AIO)
Gemeinschaftspraxis Kleeberg
Max-Brauer-Allee 52
22765 Hamburg
Tel. 040/380 21 20

Dr. Lutz Reichel (AIO)
Praxisgemeinschaft
Max-Brauer-Allee 52
22765 Hamburg
Tel. 040/380 21 20

Professor Dr. Ulrich R. Kleeberg
(AIO)
Max-Brauer-Allee 52
22765 Hamburg
Tel. 040/380 21 20
Fax 040/380 212-15

Dr. Heinrich Erdmann (AIO)
Praxisgemeinschaft
Max-Brauer-Allee 52
22765 Hamburg
Tel. 040/380 21 20
Fax 040/380 212-15

Dr. Rüdiger Hoffmann (AIO)
Spargelkoppel 7
22850 Norderstedt
Tel. 040/523 43 38
Fax 040/523 78 95

Dr. Claus Engelmann (AIO)
Kronsforder Allee 31
23560 Lübeck
Tel. 0451/5 50 39
Fax 0451/58 18 59

Dr. Deflef Heydrich (AIO)
Adolfplatz 1
23568 Lübeck
Tel. 0451/3 26 55
Fax 0451/3 83 54

Dr. Ulrich Freitag
Gynäkologe
Turner Weg 9
23970 Wismar
Tel. 03841/28 34 32

Dr. Peter Witt (AIO)
Schulze-Delitzsch-Straße 43
24943 Flensburg
Tel. 0461/2 31 11
Fax 0461/2 14 29

Dr. Fokke Hinrichs (AIO)
Ofenerstraße 12
26121 Oldenburg
Tel. 0441/7 16 94

Dr. Harald Kreutzmann (AIO)
Fädelhören 60
28203 Bremen
Tel. 0421/32 04 64

Dr. Bernd Gaede
Praxis Dr. Jochen Wysk (AIO)
Heinrich-Wilhelm-Kopf-Platz 4
30159 Hannover
Tel. 0511/32 72 91
Fax 0511/36 37 44

Dr. Richard Mao
Praxis Dr. Gade, Dr. Wysk (AIO)
Heinrich-Wilhelm-Kopf-Platz 4
30159 Hannover
Tel. 0511/32 72 91
Fax 0511/36 37 44

Dr. Jochen Wysk, Gemein-
schaftspraxis Dr. Gaede (AIO)
Heinrich-Wilhelm-Kopf-Platz 4
30159 Hannover
Tel. 0511/32 72 91
Fax 0511/36 37 44

Dr. Mechthild Bach
Walsroder Str. 149
30853 Langenhagen
Tel. 0511/73 20 01-2

Dr. Klaus Rainer Bettinger (AIO)
Grabenstraße 12
32105 Bad Salzuflen
Tel. 05222/5 00 14

Dr. Martin Becker (AIO)
Königstraße 69
32127 Minden
Tel. 0571/2 92 22

Dr. Peter Harms (AIO)
Brucherstraße 17
32545 Bad Oeynhausen
Tel. 05731/79 02 10
Fax 05731/79 02 11

Dr. Friedrich W. Kleinsorge
Gemeinschaftspraxis Dr. Streit
(AIO)
Lemgoer Straße 2
32756 Detmold
Tel. 05231/2 12 38
Fax 05231/2 81 91

Dr. Wilhelm Pape
Praxis Dr. Hegemann (AIO)
Westernstraße 7
33098 Paderborn
Tel. 05251/2 30 04
Fax 05251/2 31 02

Dr. Franz Hegemann
Praxis Dr. Pape (AIO)
Westernstraße 7
33098 Paderborn
Tel. 05251/2 30 04
Fax 05251/2 31 02

Dr. Dietrich Hahn (AIO)
Alter Markt 2
33602 Bielefeld
Tel. 0521/6 94 43

Dr. Erhardt Schäfer (AIO)
Welle 20
33602 Bielefeld
Tel. 0521/964 75 30
Fax 0521/064 75 33

Dr. Andreas Ammon (AIO)
Im Erdmannshain
34626 Neukirchen
Tel. 06694/1 74 40
Fax 06694/1 74 97

Dr. Dirk Meyer
Praxis Dr. Wander (AIO)
Nikolausberger Weg 36
37073 Göttingen

Dr. Jürgen Brock (AIO)
Lange Straße 3
38100 Braunschweig
Tel. 0531/1 47 51
Fax 0531/1 47 64

Dr. Hans Werner Tessen (AIO)
Breite Straße 87–88
38640 Goslar
Tel. 05321/2 59 95
Fax 05321/43 513

174

Dr. Klaus Penndorf
Chirurg
Schönebecker Straße 11–13
39104 Magdeburg

Dr. Viola Achtzehn
Internistin
Schönebecker Straße 11–18
39104 Magdeburg

Dr. Renate Uhle
Hämatologie/Onkologie
Sternstraße 32
39104 Magdeburg
Tel. 0391/561 65 68
Fax 0391/561 66 87

Prof. Dr. Udo Mey
Hämatologie/Onkologie
Harnackstraße 2
39104 Magdeburg

Dr. Reinhard Machura
Dr.-Lohmeyer-Straße 13
39218 Schönebeck

Dr. Andrea Schwarzlose
Innere Medizin
Friedhofstraße 15
39307 Genthin

Dr. Uwe Donner
Innere Medizin
Etgar-André-Ring 4
39576 Stendal

Dr. Dr. Nicolae Enachescu (AIO)
Martinstraße 42
40223 Düsseldorf
Tel. 0211/39 76 66

Dr. Elsbeth Rethfeldt
Praxis und Tagesklinik
Ackerstraße 3
40233 Düsseldorf
Tel. 0211/35 34 14

Dr. Anton Tsamaloukas (AIO)
Schulstraße 16–18
40721 Hilden
Tel. 02103/9 57 20
Fax 02103/95 72 14

Dr. Werner Fett (AIO)
Morianstr. 27
42103 Wuppertal
Tel. 0202/44 92 32
Fax 0202/44 92 91

Dr. Thomas Hohagen
Hämatologie/Onkologie
Bergstraße 24
42651 Solingen
Tel. 0212/224 11 96
Fax 0212/224 11 97

Dr. Bernd Lathan
Hämatologie/Onkologie
Westenhellweg 95–101
44137 Dortmund
Tel. 0231/914 09 20
Fax 0231/16 46 33

Dr. Ute Bückner
Hämatologie/Onkologie
Kurt-Schumacher-Platz 4
44787 Bochum

Dr. Sona Dabag (AIO)
Buscheyplatz 15
44801 Bochum
Tel. 0234/70 20 09

Dr. Roland Rudolph
Hämatologie/Onkologie
Kettwiger Straße 62–64
45127 Essen
Tel. 0201/22 36 38
Fax 0201/23 09 61

Dr. Manju Domnick
Josefstraße 14–16
45699 Herten
Tel. 02366/3 50 07

Dr. Erhard Kurschel (AIO)
Blumenthalstraße 53–55
46045 Oberhausen
Tel. 0208/20 01 81 oder 2 38 05
Fax 0208/20 08 95

Dr. Michael Schäfers
Mercatorstraße 58
47051 Duisburg
0203/28 41 77

Dr. Johannes Seelbach
Hämatologie/Onkologie
Schrecker Straße 16
47166 Duisburg
Tel. /203/55 59 50

Dr. Regina Kriebel-Schmitt (AIO)
Hohenzollernring 49
48145 Münster
Tel. 0251/3 50 21
Fax 0251/39 43 10

Dr. Gertrud Lenzen (AIO)
Neumark 14
49074 Osnabrück
Tel. 0541/2 41 50
Fax 0541/25 92 46

Dr. Lothar Domagalski (AIO)
Möserstraße 50
49074 Osnabrück
Tel. 0541/2 95 55

Dr. W. R. Boecker
Lürmannstraße 44
49076 Osnabrück
Tel. 0541/68 33 65

Dr. Friedhelm Breuer (AIO)
Hauptstraße 1–7
50226 Frechen
Tel. 02234/1 40 20

Dr. Anette Christiane Hoeffken
(AIO)
Machabäerstraße 19–27
50668 Köln
Tel. 0221/91 28 500
Fax 0221/91 28 50 50

Professor Hans-Otto Klein (AIO)
Hohenstaufenring 8
50674 Köln
Tel. 0221/24 41 61

Dr. Rudolf Zankovich (AIO)
Josef-Haubrich-Hof 5
50676 Köln
Tel. 0221/203 71 20
Fax 0221/203 76 10

Professor Dr. Dieter Gericke
Hämatologie/0nkologie
Maria-Wald-Straße 18
50935 Köln
Tel. 0221/43 56 11

Dr. Dieter H. Mainka
Rolshover Straße 4–6
51105 Köln
Tel. 0221/87 20 47
Fax 0221/89 77 96

Dr. Gholam-Reza Farrokh
Hämatologie/Onkologie
Quettinger Straße 220
51381 Leverkusen

Dr. Heribert Knechten
Praxenzentrum
Blondelstraße 9
52062 Aachen
Tel. 0241/47 09 70

Dr. Michael Habets
Praxis Dr. Knechten
Blondelstraße 9
52062 Aachen
Tel. 0241/47 09 70

Dr. Reiner Weinberg
Gemeinschaftspraxis
Adalbertsteinweg 12
52070 Aachen
Tel. 0241/50 00 51
Fax 0241/53 57 54

Professor Dr. Ursula Essers
Dr. Weinberg, Dr. Tummels (AIO)
Adalbertsteinweg 12
52070 Aachen
Tel. 0241/50 00 51
Fax 0241/53 57 54

Dr. Dirk Tummels
Praxis Dr. Essers
Adalbertsteinweg 12
52072 Aachen
Tel. 0241/50 00 51
Fax 0241/53 57 54

Dr. Ibrahim Hasan
Hämatologie/Onkologie
Humperdinckstraße 10–12
53027 Siegburg
Tel. 02241/5 954-0

Dr. Hartmut Wolter, Gemein-
schaftspraxis Dr. Vaupel (AIO)
Im Mühlenbach 2b
53127 Bonn
Tel. 0228/25 10 22
Fax 0228/25 10 24

Dr. Hans A. Vaupel, Gemein-
schaftspraxis Dr. Wolter (AIO)
Im Mühlenbach 2b
53127 Bonn
Tel. 0228/25 10 22
Fax 0228/25 10 24

Dr. Bernhard Rendenbach (AIO)
Kutzbachstraße 7
54290 Trier
Tel. 0651/4 93 95
Fax 0651/4 93 92

Dr. Monika Grundheber (AIO)
Friedrich-Wilhelm-Straße 34
54290 Trier
Tel. 0651/4 74 79
Fax 0651/7 45 75

Dr. Ingeborg Schniepp-Kirschstein
(AIO)
Gemeinschaftspraxis Hinterberger
Große Bleiche 12
55116 Mainz
Tel. 06131/23 12 71
Fax 06131/23 83 53

Rainer Hinterberger (AIO)
Gemeinschaftspraxis
Große Bleiche 12
55116 Mainz
Tel. 06131/23 12 71
Fax 0631/23 83 53

Dr. Bernhard Zönnchen
Große Bleiche 2
55116 Mainz
Tel. 06131/28 82 00

Dr. Hans-Heinrich Dennhardt
Lennebergstraße 1
55124 Mainz
Tel. 06131/4 39 36

Dr. Wolfram Achenbach (AIO)
Heilig-Geist-Hospital
Kapuzinerstraße 15
55411 Bingen
Tel. 06721/16398
Fax 06721/14365

Dr. Jochen Heymanns
Praxis Dr. Koeppler (AIO)
Neversstraße 5
56058 Koblenz
Tel. 0261/30 49 30
Fax 0261/30 49 333

Dr. Hubert Koeppler
Praxis Dr. Jochen Heymanns (AIO)
Neversstraße 5
56068 Koblenz
Tel. 0261/30 49 30
Fax 0261/30 49 333

Dr. Bernd Knapp
Sandstraße 220
57072 Siegen
Tel. 0271/2 20 66
Fax 0271/5 74 76

Ernst-Ulrich Müller
Hämatologie/Onkologie
Elberfelder Straße 20
58095 Hagen
Tel. 02331/9 01 50
Fax 02331/90 15 15

Dr. Michael Koch (AIO)
Gemeinschaftspraxis
Ardeystraße 105
58452 Witten
Tel. 02302/8 80 38
Fax 02302/1 80 39

Dr. Jürgen Kemper
Praxis am Evang. Krankenhaus
Bethanien
Hugo-Fuchs-Allee 3
58644 Iserlohn
Tel. 02371/2 00 07
Fax 02371/2 22 75

Dr. Olivia Weinhardt
Emil-Claar-Straße 20
60322 Frankfurt
Tel.069/724 17 22

Dr. Frank Walther
Gemeinschaftspraxis (AIO)
Im Prüfling 17–19
60389 Frankfurt
Tel. 069/45 10 80
Fax 069/45 82 57

Dr. Thomas Klippstein
Gemeinschaftspraxis (AIO)
Im Prüfling 17–19
60389 Frankfurt
Tel. 069/45 10 80
Fax 069/45 82 57

Professor Dr. Manfred Fischer
Gemeinschaftspraxis (AIO)
Im Prüfling 17–19
60389 Frankfurt
Tel. 069/45 10 80
Fax 069/45 82 57

Dr. Harald E. Balló (AIO)
Marktplatz 11
63065 Offenbach
Tel. 069/81 26 26
Fax 069/6 09 06-202

Dr. Markus Klein
Dotzenheimer Straße 20
65185 Wiesbaden
Tel. 0611/3 94 93
Fax 0611/30 51 14

Dr. Diana Gerhartz (AIO)
Dotzheimer Straße 20
65185 Wiesbaden
Tel. 0611/3 94 93
Fax 0611/30 51 14

Dr. Jörg Schimke
Hämatologe/Onkologe
Ludwigsberg 78
66113 Saarbrücken

Dr. Gerd Girmann
Talstraße 26
66424 Homburg/Saar
Tel. 06841/1 27 07
Fax 06841/1 28 05

Dr. Bernd Massner (AIO)
Turnhallstraße 2
67227 Frankenthal
Tel. 06233/31 62 30
Fax 06233/31 62 41

Birgit Reimann
Praxis Dr. Burghardt (AIO)
Martinsgasse 1
67547 Worms
Tel. 06241/66 06

Dr. Oswald Burkhard (AIO)
Martinsgasse 1
67547 Worms
Tel. 06241/66 06

Dr. Gabriele Burkhardt (AIO)
Stiftsplatz 5
67655 Kaiserslauten
Tel. 0631/6 60 99
Fax 0631/6 42 62

Dr. D. Schuster
Praxis Dr. Brust (AIO)
Q 1, 17
68161 Mannheim
Tel. 0621/2 24 30

Dr. Burst, Gemeinschafts-
praxis Dr. Schuster (AIO)
Q 1, 17
68161 Mannheim

Dr. Ludwig Kredel (AIO)
Friedrichstraße 21
68199 Mannheim
Tel. 0621/85 63 33
Fax 0621/85 63 06

Dr. Dr. Rainer Bühner (AIO)
Sofienstraße 11
69117 Heidelberg
Tel. 06221/2 11 80
Fax 06221/1 87 42

Dr. H. J. German (AIO)
Gablenberger Hauptstraße 25a
70186 Stuttgart
Tel. 0711/46 12 55
Fax 0711/46 60 52

Dr. Fromme
Praxis Dr. Meinshausen
Wolframstraße 60
70191 Stuttgart
Tel. 0711/ 256 60 13

Dr. Meinshausen
Praxis Dr. Fromme
Wolframstraße 60
70191 Stuttgart
Tel. 0711/256 60 13

Dr. Michael Haen (AIO)
Pappelweg 1
72076 Tübingen
Tel. 07071/6 26 83

Dr. Wolfgang Hoffmann
Elsbeerenweg 3
72119 Ammerbuch
Tel. 07073/41 86

Dr. Reiner Stuzmann (AIO)
Marktplatz 13
74072 Heilbronn
Tel. 0731/8 52 44
Fax 0731/62 01 03

Dr. H.-B. von Laue
Gem. Praxis Onkologie –
Dr. Hofbauer u. a.
Am Eichhof
75223 Niefern-Öschelbronn
Tel. 07233/6 81 25

Dr. Franz Anton Mosthaf (AIO)
Bettina-von-Arnim-Weg 3
76135 Karlsruhe
Tel. 0721/85 35 05

Dr. Ernst Noah (AIO)
Schramberger Straße 28
78054 Villingen-Schwenningen
Tel. 07720/39 08 60

Dr. Fiene (AIO)
Gemeinschaftspraxis Dr. Reith
Kaufhausstraße 13
78333 Stockach
Tel. 07771/30 29

Dr. Norbert Marschner (AIO)
Breisacher Straße 117
79106 Freiburg
Tel. 0761/38 68 70
Fax 0761/38 68 710

Dr. Herbert Common (AIO)
Bundestraße 29
79194 Gundelfingen
Tel. 0761/5 88 10
Fax 0761/58 97 46

Dr. Werner Mair (AIO)
Sonnenstraße 11
80331 München
Tel. 089/55 44 16–17
Fax 089/550 38 05

Dr. Lothar Böning
Praxis Dr. Tigges, Dr. Mühling,
Dr. Abenhardt
Prielmayerstraße 1
80335 München
Tel. 089/59 51 91
Fax 089/552 40 40

180

Dr. Franz-Jürgen Tigges (AIO)
Gemeinschaftspraxis
Prielmayerstraße 1
80335 München
Tel. 089/59 51 91
Fax 089/550 42 42

Dr. Wolfgang Abenhardt (AIO)
Prielmayerstraße 1
80335 München
Tel. 089/59 51 91
Fax 089/550 42 42

Dr. Siegfried Völkl (AIO)
Dachauer Straße 146
80637 München
Tel. 089/155 200
Fax 089/157 65 54

Dr. Werner Klaubert
Internist/Häm./Onk.
Weitlstraße 66
80935 München
Tel. 089/314 86 46

Dr. Bärbel Wohlrab (AIO)
Bodenstedtstraße 58/I
81241 München
Tel. 089/ 83 53 52
Fax 089/88 03 50

Dr. Hans Dieter Schick (AIO)
Offenbachstraße 8
81245 München
Tel. 089/821 24 62
Fax 089/821 27 71

Dr. Fach
Praxis Dr. Gabius
Heilig-Geist-Straße 42
83022 Rosenheim

Dr. Gabius
Gemeinschaftspraxis Dr. Fach
Heilig-Geist-Straße 42
83022 Rosenheim

Dr. Ralf Ringel
Praxis Dr. Helmut Ringel
Münchner Straße 17
83316 Friedberg

Dr. Helmut Ringel
Praxis Dr. Ralf Ringel
Münchner Straße 17
83316 Friedberg

Dr. Ursula Vehling-Kaiser (AIO)
Zweibrückenstraße 649–650
84028 Landshut
Tel. 0871/27 53 81
Fax 0871/2 50 84

Dr. Peter Schmidkonz (AIO)
Thomas-Wimmer-Straße 23 b
85435 Erding
Tel. 08122/16 40
Fax 08122/16 49

Dr. Olaf Brudler (AIO)
Halderstraße 29
86150 Augsburg
Tel. 0821/34 46 50
Fax 0821/344 65 65

Dr. Georg Mahl (AIO)
Lenbachstraße 15
86529 Schrobenhausen
Tel. 08252/10 42 70 26

Dr. Helmut Feyen (AIO)
Gemeinschaftspraxis
Werastraße 33
88045 Friedrichshafen
Tel. 07541/9 21 80
Fax 07541/2 34 67

Dr. Martina Herbrik-Zipp (AIO)
Kornhausgasse 6
88250 Weingarten
Tel. 0751/55 23 00

Dr. Alexander Port (AIO)
Praxis Dr. Pieper
Waldseerstraße 46
88400 Biberach
Tel. 07351/2 35 35
Fax 07351/2 85 07

Dr. Wolfgang Hansi (AIO)
Gemeinschaftspraxis
Wengengasse 21–25
89073 Ulm
Tel. 0731/61 90 10
Fax 0731/61 07 47

Dr. Wolfgang Schneider-Kappus
(AIO)
Magirushof 23
89077 Ulm
Tel. 0731/6 33 23
Fax 0731/6 33 40

Dr. Volker Anselstetter (AIO)
Albrecht-Dürer-Platz 11
90403 Nürnberg
Tel. 0911/13 37-107
Fax 0911/22 24 22

Professor Gunther Hartwich (AIO)
Praxis Dr. Ehler, Dr. Petzoldt
Weiltinger Straße 11
90449 Nürnberg
Tel. 0911/688 70 44

Dr. Michael J. Eckart
Hämatologie/Onkologie
Nägelsbachstraße 49 C
91052 Erlangen
Tel. (0911/36 38 77)

Dr. Gunter Stier (AIO)
August-Bebel-Straße 8
98544 Zella-Mehlis
Tel. 03682/4 32 41

Dr. Jörg Weniger
Geschwister-Scholl-Straße 6
99085 Erfurt
Tel. 0361/566 78 19
Fax 0361/643 56 56

Jutta Schütz

Hilfst du mir, wenn ich sterbe?

Ullstein Buch 35542

Wir leben in einer aufgeklärten Zeit, die den Anspruch hat, keine Tabus zu kennen. Doch ein Thema wird noch immer in der Öffentlichkeit verdrängt: der Tod. Die renommierte Autorin gibt Patienten, die an einer unheilbaren Krankheit leiden, und deren Angehörigen Hilfestellungen, um diese Situation seelisch bewältigen zu können. Konkrete Anleitungen, wie der Sterbende zu Hause betreut werden kann, aber auch ein ausführliches Adressenverzeichnis von entsprechenden Krankenhäusern und Selbsthilfegruppen machen das Buch unverzichtbar für alle, die ihnen nahestehende Menschen in dieser letzten Lebensphase begleiten möchten.

Sachbuch